Gesund kochen für Babys & Kleinkinder

Gesund kochen für Babys & Kleinkinder

Valerie Barrett

Parragon

Bath · New York · Singapore · Hong Kong · Cologne · Delhi · Melbourne

Entwurf und Realisation: Bridgewater Book Company Ltd
Text: Valerie Barrett
Fotos: Clive Bozzard-Hill
Ernährungsberater: Valerie Barrett
Illustrationen: Anna Andrews

Realisation der deutschen Ausgabe: trans texas publishing, Köln
Übersetzung: Melanie Schirdewahn, Köln
Lektorat: Kristina Bönig, Köln

ISBN 978-1-4075-5680-2
Printed in Malaysia

Anmerkungen

Angaben in EL und TL beziehen sich jeweils auf gestrichene Löffel. 1 TL = 5 ml, 1 EL = 15 ml. Wenn nicht anders angegeben, wird Vollmilch verwendet, Eier und Gemüse wie Kartoffeln sollten generell von mittlerer Größe sein, und Pfeffer bedeutet frisch gemahlener schwarzer Pfeffer. Kleinkinder, ältere Menschen, Schwangere, Rekonvaleszenten und gesundheitlich beeinträchtigte Personen sollten Rezepte mit rohen oder nur leicht gegarten Eiern meiden. Die angegebenen Zubereitungszeiten sind Richtwerte. Die zur gesamten Zubereitung benötigte Zeit variiert je nach Technik und Erfahrung, und die Garzeiten hängen mit davon ab, welche Herdmodelle und Geräte verwendet werden. Ganze Nüsse und Samenkörner sollten Kinder unter 5 Jahren nicht verzehren. Erdnussbutter und fein gehackte oder zerstoßene Nüsse eignen sich für Babys erst ab 6 Monaten, solange keine Allergien oder Unverträglichkeiten in der Familie vorliegen. Sollten Sie wegen sonstiger Nahrungsmittel Bedenken haben, wenden Sie sich bitte an Ihren Hausarzt.

Bildnachweise

Der Herausgeber bedankt sich bei den folgenden Personen und Firmen für die freundliche Bereitstellung von Bildmaterial: Corbis/Don Mason: Coverfoto; Corbis/David Raymer: 5 Mitte rechts; Corbis/Envision: 14 rechts; iStockphoto/René Mansi: 7 rechts; iStockphoto/Elena Korenbaum: 8 links; iStockphoto/Marcelo Wain: 8 Mitte; iStockphoto/Karen Squires: 9 links; iStockphoto/Thomas Perkis: 9 Mitte; iStockphoto/Zoran Mircetic: 10; iStockphoto/Ramona Heim: 14 links; iStockphoto/Boris Yankov: 17 links; und Jupiter Images: 8 rechts und 16.

Inhalt

Einleitung 6

Erste Beikost 18

Löffeln und Kauen 28

Bereit für Fingerfood 40

Neue Aromen 54

Geschmacksabenteuer 68

Gemeinsame Familienmahlzeiten 82

Register 96

Einleitung

Frischgebackene Eltern möchten ihrem Baby ein behagliches und gesundes Umfeld bieten, in dem es bestmöglich wachsen und gedeihen kann. Die Ernährung spielt hierbei eine überaus wichtige Rolle, denn gute Ernährung und Gesundheit sind eng miteinander verknüpft. In diesem Buch möchten wir Ihnen umfassende Informationen über die richtige Kost für Babys und Kleinkinder geben sowie einfache und abwechslungsreiche Rezepte vorstellen, die Ihrem Kind gefallen werden.

Einem Neugeborenen wünscht man in erster Linie zweierlei: Gesundheit und Lebensfreude. Den Grundstein für lebenslange Gesundheit können Eltern schon in den ersten Lebensjahren ihres Kindes durch eine ausgewogene Ernährung legen. Für das Baby ist es wichtig, von Beginn an gesunde Essgewohnheiten zu entwickeln und an eine breite Palette von Speisen herangeführt zu werden.

Die ersten Lebensjahre sind nicht nur für Kinder eine aufregende Zeit. Auch für Sie als Eltern öffnet sich eine vollkommen neue Welt, in der es tagtäglich Neues zu lernen und entdecken gibt. Kaum hat sich das Stillen oder Füttern mit der Flasche eingespielt, folgt auch schon die Einführung der Beikost. Unser Buch möchte Ihnen daher Hilfestellung leisten bei den wichtigen Fragen rund um die Ernährung Ihres Kindes. Das Heranführen an neue Nahrungsmittel und Geschmacksrichtungen unterstützt das starke Band, das während des Stillens oder der Fläschchengabe zwischen Ihnen und Ihrem Baby entstanden ist.

Die Erfüllung des zweiten Wunsches – die Lebensfreude – stellt sich auch schnell ein, denn ein gut ernährtes Baby ist in der Regel zufrieden. Glücklich sind Kinder, wenn sie sich als Teil der Familie fühlen und viel mit ihr zusammen sind. Gemeinsame Mahlzeiten sind daher mehr als bloße Nahrungsversorgung – hier erfahren die Kleinen gesunden Genuss und Gemeinsamkeit. Versuchen Sie, gemeinsame Essenszeiten einzuführen. Dabei lernt Ihr Baby, wie man sich am Tisch benimmt. Wenn Sie die Babykost selbst zubereiten, können Sie sicher sein, dass alles frisch und gehaltvoll ist.

Wählen Sie die richtige Ernährung

Ernährung ist eine komplizierte Wissenschaft. Zudem haben Kinder ganz andere Bedürfnisse als Erwachsene. Auch wenn Sie sich über Ihre eigene Ernährung nicht viele Gedanken machen, bei Ihrem Kind sollten Sie sehr sorgfältig darauf achten, dass es mit den nötigen Nährstoffen versorgt wird. Vielleicht gehen Sie über diesen Umweg auch mit Ihrer eigenen Ernährung bewusster um, denn schon in ein paar Jahren wird Ihr Kind Ihrem Ernährungsmuster folgen.

Ernähren Sie sich gesünder! Hier ein paar Tipps, die es leichter machen:

- Essen Sie mehr Obst und Gemüse
- Essen Sie weniger zuckerhaltige Lebensmittel
- Verwenden Sie weniger Salz und würzen Sie stattdessen mit Kräutern und anderen Gewürzen
- Trinken und verwenden Sie eher fettarme als fettreiche Milch
- Verarbeiten Sie mageres Fleisch und reduzieren Sie die Fleischmenge in einem Gericht durch die Zugabe von Hülsenfrüchten
- Essen Sie kohlenhydrathaltige Lebensmittel wie Brot, Nudeln und Reis, aber ohne viel Sauce, Butter oder Öl

KOHLENHYDRATE

Man unterscheidet drei Typen von Kohlenhydraten: Einfachzucker (z. B. Frucht- und Traubenzucker), Zweifachzucker (z. B. Malz-, Milch- und Haushaltszucker) und die Mehrfachzucker (z. B. pflanzliche und tierische Stärke). Alle drei Typen verwandelt der Körper in Glukose. Komplexe Kohlenhydrate (Mehrfachzucker) enthalten viele Vitamine, Mineral- und Ballaststoffe. Sie geben ihre Energie über einen längeren Zeitraum ab. Ein- und Zweifachzucker hingegen liefern nur kurzfristig Energie und enthalten keine Nährstoffe, sondern nur Kalorien. Sie sollten ein Leben lang nur sparsam verwendet werden.

FETTE

Fette sind ein wesentlicher Bestandteil der täglichen Nahrung, denn sie schützen die Organe und halten das Gewebe gesund. Da Fett sehr viele Kalorien enthält, ist es ein überaus wichtiger Energielieferant und ideal für Babys, denn sie beziehen etwa die Hälfte der Energie aus Fettkalorien. Babys und Kleinkinder sollten daher auf keinen Fall fettreduzierte Nahrung bekommen. Überdies ist Fett ebenso Träger wichtiger fettlöslicher Vitamine (A, D, E und K).

VITAMINE UND MINERALSTOFFE

Vitamine und Mineralstoffe unterstützen das Immunsystem, die Gehirnfunktionen und helfen bei der Umwandlung von Nahrung in Energie. Sie halten Haut und Haar gesund, kontrollieren das Wachstum und sorgen für ein hormonelles Gleichgewicht. Vitamine werden nur in kleinen Mengen benötigt. Man unterteilt Vitamine in fettlösliche Vitamine (A, D, E und K), die im Körper gespeichert werden können, und wasserlösliche Vitamine (C und der B-Gruppe), die mit der täglichen Nahrung aufgenommen werden müssen. Mineralstoffe und Spurenelemente sind lebensnotwendige Nährstoffe, die für viele Körperfunktionen benötigt werden. Die beiden wichtigsten für Babys und Kleinkinder sind Kalzium und Eisen.

EIWEISSE

Die aus einzelnen Aminosäuren zusammengesetzten Eiweiße oder Proteine sind unentbehrlich für den Aufbau von Zellen, Knochen oder Blut. Tierisches Eiweiß enthält alle essenziellen Aminosäuren, während einige von ihnen in pflanzlichem Eiweiß nur wenig oder gar nicht vorhanden sind. Veganer oder Vegetarier müssen daher auf eine ausgewogene und vielseitige Ernährung achten, um dies auszugleichen. Babys und Kinder benötigen in Relation zu ihrer Körpergröße mehr Eiweiß als Erwachsene.

Tierisches Eiweiß ist enthalten in:

- Fleisch
- Fisch
- Käse
- Eiern
- Milchprodukten

Pflanzliches Eiweiß ist enthalten in:

- Hülsenfrüchten (Linsen, Bohnen, Erbsen)
- Getreide (Weizen, Reis, Hafer, Hirse, Roggen und Produkten aus ihnen wie Brot und Nudeln)
- Sojabohnen und Sojaprodukten wie Tofu
- Nüssen
- Samen und Körnern

BALLASTSTOFFE

Ballaststoffreiche Nahrung ist für Babys zu schwer verdaulich und enthält überdies zu wenige Kalorien. Durch Obst und Gemüse wird der Ballaststoffbedarf eines Babys bereits gedeckt.

Abstillplan

Es gibt keine festen Regeln zum Abstillen. Im Laufe der Monate wird bei Ihrem Baby der Anteil an fester Nahrung nach und nach zunehmen. Übereilen Sie nichts und üben Sie keinen Druck aus, sondern lassen Sie sich vom Appetit Ihres Babys leiten.

	BEIM AUFWACHEN	FRÜHSTÜCK	MITTAGESSEN	NACHMITTAGS	ABENDESSEN
PHASE 1 *(etwa 6 Monate)*	Mutter- oder Säuglingsmilch	Baby-Reisbrei (siehe Seite 20) gemischt mit Mutter- oder Säuglingsmilch (1–2 Teelöffel). Mutter- oder Säuglingsmilch	Mutter- oder Säuglingsmilch	Mutter- oder Säuglingsmilch	Mutter- oder Säuglingsmilch
PHASE 2 *(etwa 6½ Monate)*	Mutter- oder Säuglingsmilch	Baby-Reisbrei gemischt mit Mutter- oder Säuglingsmilch. Mutter- oder Säuglingsmilch	1–2 Teelöffel Gemüse- oder Obstbrei. Mutter- oder Säuglingsmilch	Mutter- oder Säuglingsmilch	Mutter- oder Säuglingsmilch
PHASE 3 *(etwa 7–8 Monate)*	Mutter- oder Säuglingsmilch	Baby-Reisbrei mit Obstbrei. Mutter- oder Säuglingsmilch	Gemüse-Hähnchenfleisch-Brei oder Gemüse-Fisch-Brei. Frisch abgekochtes und abgekühltes Wasser zum Trinken	Gemüse- oder Obstbrei. Mutter- oder Säuglingsmilch	Mutter- oder Säuglingsmilch
PHASE 4 *(etwa 8–10 Monate)*	Mutter- oder Säuglingsmilch	Baby-Reisbrei, Haferflocken oder anderes babygerechtes Müsli mit Milch oder Wasser und Obstbrei. Mutter- oder Säuglingsmilch	Brei aus püriertem Geflügel oder Fisch mit Bohnen, Linsen, Kartoffeln, Reis, Nudeln oder Gemüse. Abgekochtes Wasser oder verdünnter Saft	Joghurt mit püriertem oder gekochtem Obst. Für ältere Babys Toast- oder Brotecken mit schmackhaften Dips. Mutter- oder Säuglingsmilch	Mutter- oder Säuglingsmilch nach Bedarf
PHASE 5 *(etwa 10–12 Monate)*	Jetzt braucht Ihr Baby nicht mehr unbedingt Milch nach dem Aufwachen. Ist es jedoch durstig, geben Sie ihm Wasser oder ausreichend mit Wasser verdünnten Fruchtsaft	Haferbrei oder Müsli aus Vollkornflocken mit Joghurt und frischem Obst. Toastecken. Mutter- oder Säuglingsmilch	Fleisch, Geflügel oder Fisch, gehackt, mit Bohnen, Linsen, Reis, Nudeln, Kartoffeln oder Brot sowie Gemüse. Obststückchen und/oder Joghurt. Wasser oder mit Wasser verdünnter Fruchtsaft	Nudelgericht, Fischfrikadellen oder Suppe. Brot- oder Toastecken. Frisches Obst. Mutter- oder Säuglingsmilch	Mutter- oder Säuglingsmilch nach Bedarf

Geben Sie Ihrem Baby auch weiterhin zwischendurch Mutter- oder Säuglingsmilch. Wenn die einzelnen Mahlzeiten zur Routine werden, wird Ihr Kind immer weniger danach verlangen. Ganz besonders bewegungsfreudigen Babys können Sie zwischendurch kleine Snacks anbieten.

Wie viel Nahrung braucht mein Kind?

Jedes Baby und Kleinkind ist anders, nehmen Sie also den Appetit Ihres Kindes als Richtschnur. Ein- bis Zweijährige benötigen zwar dieselbe vielseitige Nahrung und dieselbe Anzahl an Portionen wie größere Kinder, allerdings weniger Kalorien. Bieten Sie daher kleinere Portionen an. Machen Sie sich keine Sorgen, wenn Ihr Kind nicht jeden Tag die empfohlene Menge isst. Im Folgenden stellen wir eine Richtschnur vor, der Sie entnehmen können, wie viel ein Kind nach dem ersten Lebensjahr täglich braucht und was jeweils einer Portion entspricht. Aber denken Sie daran, dass es sich nur um eine Empfehlung handelt.

Die Nahrungsmittel sind in fünf Hauptgruppen aufgeteilt. Der tägliche Bedarf ist für die einzelnen Hauptgruppen unterschiedlich: Von stärkehaltigen Kohlenhydraten wie in Brot, Reis, Nudeln, Zerealien, Haferflocken und Kartoffeln sollten sechs Portionen täglich serviert werden. Mindestens die Hälfte sollte aus Vollkornprodukten bestehen.

Zerealien, Brot, Nudeln etc.:
- ½–1 Scheibe Brot
- 1–2 Esslöffel Zerealien
- 1–2 Esslöffel gekochter Reis oder gekochte Nudeln
- 1–2 Esslöffel Haferbrei
- 55 g Kartoffeln

Gemüse sollte dreimal täglich gegessen werden. Versuchen Sie, eine möglichst breite Palette an Gemüsesorten abzudecken: von orangefarbenen wie Karotten und Kürbis über dunkelgrüne wie Spinat und Brokkoli bis hin zu stärkehaltigen wie Bohnen und Erbsen. Für Obst gilt: zwei Portionen täglich. Achten Sie auch hier auf Vielfalt, um eine ausgewogene Versorgung mit Vitaminen und Mineralien zu gewährleisten.

Produkte wie Fruchtjoghurt haben oft einen hohen Zuckeranteil. Kaufen Sie daher Naturjoghurt, den Sie selbst mit Früchten verfeinern.

Obst und Gemüse
- ½–1 Apfel, Birne oder Orange (mittelgroß)
- 1–2 Esslöffel Weintrauben oder Beeren
- ½–1 Kiwi, Pflaume oder Aprikose
- 1–2 Esslöffel gekochtes Obst
- ½–1 Esslöffel Trockenobst
- ½–1 kleine Karotte
- 1–2 Esslöffel Erbsen
- 1–2 Brokkoli- oder Blumenkohlröschen

Fleisch, Geflügel, Fisch, Eier, Nüsse oder Hülsenfrüchte benötigt Ihr Kind wahlweise zweimal täglich. Achten Sie darauf, mageres Fleisch zu verarbeiten.

Fleisch, Fisch, Eier etc.:
- 25–55 g (½–1 Scheibe) mageres Fleisch
- 25–55 g Geflügel oder Fisch
- ½–1 Ei
- 1–2 Esslöffel Bohnen oder Linsen

Bei Milch, Joghurt und anderen Milchprodukten sind zwei bis drei Portionen täglich empfehlenswert. Kinder unter zwei Jahren brauchen Vollmilchprodukte.

Milchprodukte:
- 150–175 ml Milch
- 25–40 g Hartkäse
- 1–2 kleine Joghurtbecher (125 g)

Lebensmittel wie Milch, Nüsse und Obst enthalten genügend Fett und Zucker. Kuchen, Kekse, Süßigkeiten, Marmelade und Limonade sollten daher nur in Ausnahmefällen angeboten werden.

Einführung der Beikost

LEBENSMITTEL	4–6 MONATE	6 MONATE +	8 MONATE +	10 MONATE +	1 JAHR +	ANMERKUNG
Gemüse	Gekochte Breie	Gekochte Breie	Gekochte Breie oder als Snacks	Gekochte und rohe Gemüsesnacks		
Obst	Gekochte Breie	Gekochte Breie. Einige Obstsorten auch ungekocht wie Banane	Am Ende dieser Phase können Sie mit Obstsnacks beginnen	Gekochte und rohe Obstsnacks		
Kuhmilch und Kuhmilch-produkte	Nein	Nein, doch gegen Ende dieser Phase kann gekochte Milch oder Joghurt gegeben werden	Beginnen Sie mit milden Hart-käsesorten und anderen Milch-produkten		Vollmilch zum Trinken einführen	Gesunden Kindern kann nach dem 2. Lebensjahr auch fettarme Milch gegeben werden
Fleisch und Geflügel	Nein	Nein, doch gegen Ende dieser Phase können sie ein-geführt werden	Beginnen Sie mit Hühnchen und führen Sie nach und nach auch rotes Fleisch ein. Innereien erst nach dem 1. Lebensjahr			
Speck und Schinken	Nein	Nein	Können eingeführt werden, aufgrund des hohen Salzge-haltes jedoch nur in kleinen Mengen			
Fisch	Nein	Nein, Weißfisch kann allerdings am Ende dieser Phase eingeführt werden		Kleine Mengen öligen Fischs wie Thunfisch und Lachs	Außer Hai, Marlin oder Schwertfisch können vielfältige Fischsorten ser-viert werden	
Räucherfisch und Schellfisch	Nein	Nein	Nein	Nein	In kleinen Mengen und durchgegart	Bei Allergierisiko bis zum 3. oder 4. Lebensjahr warten
Weizen und Weizenprodukte	Nein	Nein	Nur wenig und schrittweise. Auf mögliche allergische Reaktio-nen achten			
Eier	Nein	Nein	Hart gekocht, nur das Eigelb	Hart gekocht, nur das Eigelb	Hart gekocht, das ganze Ei	

LEBENSMITTEL	4–6 MONATE	6 MONATE +	8 MONATE +	10 MONATE +	1 JAHR +	ANMERKUNG
Zitrusfrüchte	Nein	Nein	Nein	Nein	Nach einem Jahr	
Nüsse, Erdnüsse und Erdnussbutter	Nein	Nein	Nein	Nein	Gemahlene Nüsse können eingeführt werden. Auf allergische Reaktionen achten	Bei Allergierisiko bis zum 3. oder 4. Lebensjahr warten. Wegen Erstickungsgefahr keine ganzen Nüsse oder Nussstücke bis 5 Jahre
Sesamsaat und Sesamprodukte	Nein	Nein	Nein	Nein	Nach einem Jahr; auf allergische Reaktionen achten	
Honig	Nein	Nein	Nein	Nein	Nach einem Jahr	
Tofu	Nein	Nein	Gegen Ende der Phase			
Beerenfrüchte	Nein	Können als Püree eingeführt werden. Keine Erdbeeren	Keine Erdbeeren	Keine Erdbeeren	Nach einem Jahr können Erdbeeren eingeführt werden	
Weichkäsesorten	Nein	Nein	Nein	Nein	Nein	Schrittweise einführen
Ballaststoffreiche Lebensmittel	Nein	Nein	Nein	Nein	Nein	Ab 5 Jahren als Teil einer ausgewogenen Ernährung
Tee, Kaffee, Sprudel	Nein	Nein	Nein	Nein	Nein	Nicht für Kinder geeignet
Salz	Nein	Nein	Nein	Nein	Nein	Kein zusätzliches Salz zufügen
Zucker	Nein	Nein	Nein	Nein	Sollte wenn möglich vermieden werden	
Süßstoffe, Zusatzstoffe usw.	Nein	Nein	Nein	Nein	Nein	Nicht für Kinder geeignet

Milch und Getränke

In den ersten Lebensmonaten und auch noch im ersten Lebensjahr ist Muttermilch die beste Nahrung für das Baby. Säuglingsanfangsnahrung eignet sich für Babys bis zu einem Jahr. Für allergiegefährdete Säuglinge, die nicht gestillt werden, werden sogenannte HA-Nahrungen empfohlen. Vegetarische Milchnahrungen sowie Ziegen- und Schafsmilch sind für Babys unter einem Jahr ungeeignet.

Vor der Vollendung des ersten Lebensjahrs sollte Kuhmilch nicht als Hauptmilchquelle gefüttert werden, da sie nur wenig Eisen enthält. Ein Neugeborenes hat genügend Eisenvorräte für die ersten sechs Monate – danach muss auf eine eisenreiche Ernährung besonderer Wert gelegt werden.

In der Regel benötigen Babys in den ersten Monaten außer Milchnahrung keine weitere Flüssigkeitszufuhr. Sobald Brei gefüttert wird, ist Wasser der beste Durstlöscher. Leitungswasser ist hier am besten geeignet, sollte für Babys unter sechs Monaten jedoch abgekocht sein und einen niedrigen Nitratwert aufweisen. Informationen dazu erhalten Sie beim zuständigen Wasserwerk. Meiden Sie Mineralwasser ohne den Hinweis „Geeignet für die Zubereitung von Säuglingsnahrung".

Erfrischungs-, Milchmix- und Fruchtsaftgetränke sind für Babys und Kleinkinder ungeeignet, da sie viel Zucker und Fruchtsäuren enthalten, die die Zähne schädigen und den Appetit des Kindes dämpfen können. Gut verdünnte Zitrusfruchtsäfte (1 Teil Saft, 10 Teile Wasser) sind für Babys erst nach dem ersten Geburtstag geeignet, sonstige Fruchtsäfte auch schon davor. Koffeinhaltige Getränke dürfen auf keinen Fall gegeben werden.

Kochen, Einfrieren und Erhitzen

Den besten Start ins Leben geben Sie Ihrem Baby durch selbst zubereitete Speisen, die darüber hinaus auch viel günstiger sind als Fertigprodukte. Nur bei selbst gemachter Kost können Sie sicher sein, dass sie frei von unerwünschten Zusatzstoffen ist.

Für die Zubereitung von Breien ist eine gewisse Standardausrüstung vonnöten. Eine Küchenmaschine ist hierfür sicherlich am besten geeignet, doch auch ein Pürierstab und eine Flotte Lotte leisten gute Dienste. Pürierstäbe werden oft zusammen mit einem schmalen, hohen Becher verkauft, in dem kleine Mengen wunderbar püriert werden können. Eine Flotte Lotte ist eine Passiermühle, die mit einer Kurbel per Hand betrieben wird und besonders zum Entfernen von Schalen und Häuten von Erbsen, Bohnen, Aprikosen und Pflaumen geeignet ist. Ein feines Metallsieb ist auch eine gute Anschaffung.

Zunächst essen Babys nur kleine Mengen Beikost. Es empfiehlt sich, größere Mengen Brei zu kochen und in kleinen Portionen einzufrieren. Verteilen Sie den Brei zum Beispiel auf die einzelnen Fächer einer Eiswürfelform oder auf kleine Kunststoffbehälter. Bei Kindern unter sechs Monaten sollten Sie diese Behälter sterilisieren, danach reichen ein Abspülen mit heißem Wasser sowie das Übergießen mit kochendem Wasser kurz vor dem Befüllen. Frieren Sie den Brei ein, entfernen Sie die gefrorenen Würfel aus dem Behälter und geben Sie sie in einen Gefrierbeutel. Achten Sie auf das Beschriften mit Breisorte und Einfrierdatum.

Für die Zubereitung ein oder mehrere Breiwürfel aus dem Beutel nehmen, in eine kleine Schüssel füllen und abgedeckt bei Zimmertemperatur etwa eine Stunde oder längere Zeit im Kühlschrank auftauen lassen. Aufgetautes Essen muss immer sehr gründlich in einem Topf oder in der Mikrowelle erhitzt werden. Lassen Sie den Brei danach auf die gewünschte Temperatur abkühlen.

Babykost wird in der Mikrowelle in der Regel sehr schnell heiß, erwärmen Sie sie also in Intervallen von zehn Sekunden und rühren Sie jedes Mal um. Da aufgetauter Brei manchmal etwas trocken ist, sollten Sie ihn mit ein wenig kochendem Wasser verdünnen, damit er nicht anbrennt. Seien Sie immer sehr vorsichtig mit Baby-Reisbrei (siehe Seite 20): Lassen Sie ihn nie längere Zeit bei Zimmertemperatur stehen, denn es bilden sich schnell Bakterien, die Ihrem Baby schaden können. Kochen Sie immer nur kleine Mengen Baby-Reisbrei und kühlen Sie Reste sofort. Brauchen Sie diese innerhalb von acht Stunden auf oder frieren Sie sie bis zu zwei Wochen ein.

Allergien und Unverträglichkeiten

Immer mehr Kinder neigen dazu, auf bestimmte Lebensmittel mit allergischen Symptomen zu reagieren. Eine Allergie liegt vor, wenn das Immunsystem gegen einen natürlichen Stoff mit einem intensiven Abwehrmechanismus reagiert. Von einer nichtallergischen Nahrungsmittelunverträglichkeit spricht man dagegen, wenn der Körper einen bestimmten Stoff nicht verdauen kann.

Neugeborene allergisch vorbelasteter Familien sollten möglichst vier bis sechs Monate gestillt werden. Stillen Sie nicht vor dem sechsten Monat ab und führen Sie Lebensmittel nur einzeln ein. Falls Sie nicht stillen können, geben Sie Ihrem Baby hypoallergene Säuglingsnahrung und ziehen Sie Ihren Kinderarzt zurate.

Symptome bei Nahrungsmittelunverträglichkeiten:
- Hautausschläge – Ekzeme und Nesselsucht
- Ohrenentzündung oder Asthma
- Blähungen, starke Darmwinde oder Durchfall
- Laufende Nase und Erkältungssymptome
- Rot unterlaufene Augen und rote Augenlider
- Übelkeit und Erbrechen

Symptome bei Nahrungsmittelallergien:
- Ernsthafte Atembeschwerden und Husten
- Anschwellen von Lippen, Augen und Zunge
- Stärkere Neigung zum Erbrechen
- Blasen am oder im Mund
- Hautausschlag oder Nesselsucht
- Blähungen und starker Durchfall

Nahrungsmittel, die körperliche Reaktionen auslösen können:
- Gluten – enthalten in Weizen, Roggen, Hafer, Gerste und Grünkern
- Eier, insbesondere Eiweiß
- Sesamsaat und Sesamprodukte wie Tahina
- Nüsse, insbesondere Erdnüsse
- Zitrusfrüchte wie Orangen und Zitronen
- Fisch, insbesondere Schellfisch
- Kuhmilch und Kuhmilchprodukte
- Soja
- Erdbeeren
- Tomaten
- Schokolade
- Zusatzstoffe, Konservierungsmittel und Farbstoffe

Auch Salz, Zucker und Honig sollten bei der Zubereitung von Babynahrung vermieden werden. Im Honig können Sporen des Bakteriums *Clostridium botulinum* enthalten sein, das bei einem Baby unter einem Jahr lebensgefährliche Vergiftungen auslösen kann.

Aus der Tabelle Seite 12/13 entnehmen Sie, in welchem Alter Sie welche Lebensmittel einführen können. Wenn Sie familiär mit Allergien vorbelastet sind, sollten Sie einen Arzt zurate ziehen.

Vegetarische Kost für Babys

Ein Baby kann vegetarisch ernährt werden, allerdings muss ganz genau darauf geachtet werden, dass ihm genügend Eisen und Vitamin B_{12} zugeführt werden. Die beginnende Abstillphase verläuft genau wie bei anderen Babys, doch nach sieben oder acht Monaten müssen Sie sehr genau darauf achten, dass Ihr Nachwuchs all die Nährstoffe bekommt, die in Fleisch und Fisch enthalten sind.

Gute Eiweißspender
Mischen Sie Hülsenfrüchte wie Linsen und Bohnen mit Reis oder Nudeln, Milchprodukten und Eiern.

Gute Eisenspender
Hülsenfrüchte, Eier, grünes Blattgemüse, Trockenfrüchte, Hirse, Hafer, Roggen. Vitamin C erleichtert die Eisenaufnahme aus pflanzlichen Lebensmitteln. Daher sollte der Babybrei mit Vitamin-C-haltigen Säften oder Obstsorten angereichert werden.

Gute Zinkspender:
Hülsenfrüchte, Vollkornbrot, Eigelb. Für Kleinkinder ohne Allergien sind nach Vollendung des ersten Lebensjahrs gemahlene Nüsse oder Nussbutter gute Eisen- und Zinkquellen.

Gute Vitamin-B_{12}-Spender:
Käse, Eier, mit Vitaminen angereichertes Baby-Müsli und texturiertes Soja.

Vegane Ernährung, also der Ausschluss von Milchprodukten, Eiern, Fleisch und Fisch, ist als Säuglingsernährung problematisch. Sprechen Sie sich mit Ihrem Kinderarzt ab oder stillen Sie möglichst lange.

Erste Beikost *6–8 Monate*

Für den ersten Brei gibt es kein festgeschriebenes Alter. Die Weltgesundheitsorganisation empfiehlt, Babys bis zu einem Alter von sechs Monaten voll zu stillen. Neueren Untersuchungen zufolge sollte man Säuglingen unter vier Monaten auf keinen Fall schon feste Nahrung geben und erst ab dem sechsten Monat mit der Beikost beginnen. Wann genau und wie schnell Sie umstellen, hängt aber ganz von Ihnen und Ihrem Baby ab.

„Milch sollte in der Abstillphase noch immer die Hauptnahrungsquelle sein – Beikost ist nur ein Extra."

Vor dem vierten bis sechsten Lebensmonat sind die Darmwände eines Säuglings noch sehr durchlässig und lassen große Antikörper aus der Muttermilch direkt ins Blut gelangen. Allerdings können Nahrungsmoleküle auf diese Weise ebenfalls ungefiltert den Weg in die Blutbahn finden und damit unter Umständen auch die Eiweiße allergieauslösender Lebensmittel. Zwischen dem vierten und sechsten Lebensmonat beginnt das Baby verstärkt eigene Antikörper zu bilden. Dann kann mit der Fütterung der ersten Breie begonnen werden.

Ab wann ist Ihr Baby bereit für Beikost?

- Ihr Baby sitzt schon gut im Kinderstuhl und hält den Kopf problemlos oben.
- Es ist nach acht bis zehn Stilleinheiten an der Brust oder 850 g Säuglingsmilch immer noch hungrig und verlangt mehr Nahrung.
- Es schlief nachts schon durch, wacht jetzt aber wieder häufiger auf.
- Das Gewicht hat sich nach der Geburt verdoppelt.
- Es macht Kaubewegungen und verliert den Reflex, das Essen mit der Zunge aus dem Mund zu schieben.
- Es kann Nahrung vom vorderen Mundraum nach hinten schieben.
- Es interessiert sich für Lebensmittel, die Sie essen.

Da Ihr Nachwuchs bisher nur an Mutter- oder Säuglingsmilch gewöhnt ist, sollten Sie zunächst vorsichtig entweder mit Baby-Reisbrei oder mit Karottenbrei (beide siehe Seite 20) beginnen. Milch sollte in der Abstillphase noch immer die Hauptnahrung sein – Beikost ist nur ein Extra. Baby-Reisbrei, Karotten- oder auch Steckrübenbrei sind ideale Einstiegsbreie.

Beim Füttern sollten die Startbreie lauwarm und recht dünnflüssig sein. Verwenden Sie einen schmalen, flachen Plastiklöffel und geben Sie einen Viertel Teelöffel Brei auf die Löffelspitze. Warten Sie, dass Ihr Baby den Mund öffnet, und berühren Sie mit dem Löffel nur leicht seine Lippen. Stecken Sie den Löffel nicht in seinen Mund, wenn Ihr Kleines es nicht möchte. Manche Babys saugen den Brei lieber von einem sauberen Finger. Probieren Sie dies zwei- oder dreimal am Tag und starten Sie am nächsten Tag einen neuen Versuch.

Füttern Sie Breie niemals mit der Flasche, da Erstickungsgefahr besteht. Aus demselben Grund sollte Ihr Baby beim Füttern immer aufrecht sitzen. In Breiresten können sich schnell Bakterien bilden, werfen Sie sie also weg und lassen Sie sie nicht stehen, um vielleicht später noch etwas davon zu füttern.

Regelmäßige Essenszeiten sind wichtig. Servieren Sie die Beikost täglich immer zur selben Zeit. Nehmen Sie sich dafür Zeit und achten Sie darauf, dass Ihr Sprössling nicht zu müde oder zu hungrig ist. Der späte Vormittag oder der Mittag ist besonders gut geeignet. Falls Ihr Kind sehr hungrig ist, geben Sie etwas Milch vorab, um den ersten Hunger zu stillen.

Sobald Ihr Baby richtig schlucken kann und seinen Brei lieben gelernt hat, können Sie innerhalb der nächsten Wochen nach und nach weitere Gemüse- und Obstbreie einführen. Warten Sie immer drei Tage, bevor Sie ein neues Nahrungsmittel anbieten, um mögliche allergische Reaktionen zuordnen zu können. Und vergessen Sie nicht: Lassen Sie sich mit dem Abstillen Zeit und überhasten Sie nichts.

Baby-Reisbrei ist ideal zum Abstillen: Mit Mutter- oder Säuglingsmilch gemischt, ist er fast wie angedickte Milch. Wurzelgemüse wie Karotten und Steckrüben eignen sich ebenfalls als erste Beikost, da Säuglinge ihre natürliche Süße lieben.

Reisbrei und andere Breie

BABY-REISBREI

Vorbereitung: 5 Minuten

Zubereitung: 20 Minuten

Ergibt: 100 ml (16 Portionen)

25 g Vollkornreis

150 ml Wasser

4–6 EL Mutter- oder Säuglingsmilch, plus etwas mehr zum Mischen

KAROTTENBREI

Vorbereitung: 3 Minuten

Zubereitung: 10 Minuten

Portionen: 1–6

1 mittelgroße Karotte (etwa 100 g)

KARTOFFEL-STECKRÜBEN-BREI

Vorbereitung: 5 Minuten

Zubereitung: 15–20 Minuten

Portionen: 1–6

55 g Kartoffeln oder Süßkartoffeln

55 g Steckrüben

BABY-REISBREI

Den Reis in einer elektrischen Mühle zu einem sehr feinen Pulver zermahlen. In einem kleinen Topf mit dem Wasser verrühren. Zum Kochen bringen und 10 Minuten sanft unter Rühren köcheln lassen. Die Mischung müsste jetzt gut angedickt sein. 4 Esslöffel Mutter- oder Säuglingsmilch zugeben und weitere 10 Minuten unter Rühren weiterköcheln. Mehr Milch zugeben, falls der Reisbrei zu dick wird.

Vom Herd nehmen und mit einem Pürierstab zu einer glatten, cremigen Masse pürieren. Abkühlen lassen. Kurz vor dem Füttern noch etwas Milch unterrühren, um die gewünschte Konsistenz zu erreichen. Der Reisbrei sollte lauwarm sein.

KAROTTENBREI

Die Karotte schälen und in 3 mm dicke Würfel schneiden. Entweder in einem klappbaren Metall-Dämpfeinsatz in einem kleinen, mit etwas kochendem Wasser gefüllten Topf etwa 10 Minuten dämpfen oder in ungesalzenem Wasser etwa 10 Minuten garen. Abgießen, dabei das Kochwasser auffangen.

Mit einem Pürierstab fein pürieren. 2–3 Esslöffel Kochwasser, je nach Belieben auch Mutter- oder Säuglingsmilch einrühren, um eine dünne, leicht cremige Konsistenz zu erreichen. Durch ein feines Sieb oder in der Flotten Lotte auf feinster Stufe passieren.

Im Kühlschrank 24 Stunden und im Tiefkühlfach bis zu 4 Wochen haltbar.

KARTOFFEL-STECKRÜBEN-BREI

Kartoffeln und Steckrüben schälen, würfeln, in einem kleinen Topf mit ungesalzenem Wasser bedecken. Zum Kochen bringen, abdecken und 10–15 Minuten sehr weich garen. Abgießen, dabei das Kochwasser auffangen.

Das Gemüse durch ein Sieb oder in der Flotten Lotte auf kleinster Stufe passieren. Die Masse mit etwas Wasser, nach Belieben auch mit Mutter- oder Säuglingsmilch verdünnen, bis die gewünschte Konsistenz erreicht ist. Lauwarm servieren.

Im Kühlschrank 24 Stunden und im Tiefkühlfach bis zu 4 Wochen haltbar.

Brokkoli enthält viel Vitamin K (wichtig für Blut- und Knochenbildung), B und C, ist leicht verdaulich und wird von den Kleinen gern gegessen. Bieten Sie diesen Brei zum Beispiel zusammen mit Süßkartoffelbrei an.

Blumenkohl-Brokkoli-Brei

Vorbereitung: 5 Minuten
Zubereitung: 10 Minuten
Portionen: 1–6

3 kleine Brokkoliröschen, harte Stiele entfernt
3 kleine Blumenkohlröschen, harte Stiele entfernt

Brokkoli- und Blumenkohlröschen grob hacken. In einem klappbaren Metall-Dämpfeinsatz in einem kleinen, mit etwas kochendem Wasser gefüllten Topf etwa 7–10 Minuten dämpfen. Mit einem Pürierstab fein pürieren. Nach Belieben die Masse mit etwas Mutter- oder Säuglingsmilch verdünnen, bis die gewünschte cremige Konsistenz erreicht ist. Lauwarm servieren.

Im Kühlschrank 24 Stunden und im Tiefkühlfach bis zu 4 Wochen haltbar.

Für diesen Brei können Sie auch tiefgekühlte Erbsen verwenden. Geben Sie diese einfach 3–4 Minuten vor Ende der Garzeit in den Topf. Die beste, weil schonendste Garmethode ist das Dämpfen – zum Beispiel in einem klappbaren Dämpfeinsatz.

Erbsen-Bohnen-Zucchini-Brei

Vorbereitung: 5 Minuten

Zubereitung: 10 Minuten

Portionen: 1–6

25 g junge grüne Bohnen

25 g Zucchini

25 g frische oder tiefgekühlte Erbsen

Die Bohnen in 2,5 cm lange Stücke brechen, die Zucchini grob hacken. Zusammen mit den Erbsen in einen kleinen Topf füllen und mit kochendem Wasser bedecken. 10 Minuten köcheln lassen, bis das Gemüse gar ist. Abgießen, dabei das Kochwasser auffangen. Das Gemüse mit einem Pürierstab fein pürieren. Mit ein wenig Kochwasser verdünnen und dann durch ein Sieb passieren. Lauwarm servieren.

Im Kühlschrank 24 Stunden und im Tiefkühlfach bis zu 4 Wochen haltbar.

Gemüsesorten mit einem intensiven Aroma wie Spinat können in Verbindung mit Sorten wie Kartoffeln, Süßkartoffeln oder Kürbis im Geschmack abgemildert werden. Für das Obstmus sollten Sie sehr süße, reife Äpfel und Birnen verwenden.

Obst-, Gemüse- & Haferbrei

KÜRBIS-SPINAT-BREI

Vorbereitung: 5 Minuten

Zubereitung: 20 Minuten

Portionen: 1–6

100 g Butternut-Kürbis, geschält und entkernt

25 g frischer Baby-Spinat, gewaschen

HAFERBREI

Vorbereitung: 3 Minuten

Zubereitung: 5 Minuten

Portionen: 1–4

25 g zarte Haferflocken

200 ml Wasser

APFEL-BIRNEN-BREI

Vorbereitung: 5 Minuten

Zubereitung: 10 Minuten

Portionen: 1–6

1 Apfel, geschält, entkernt und gewürfelt

1 Birne, geschält, entkernt und gewürfelt

3 EL Wasser

KÜRBIS-SPINAT-BREI

Den Kürbis in kleine Würfel schneiden. In einen Topf füllen und gerade mit Wasser bedecken. Zum Kochen bringen, abdecken und 15 Minuten köchelnd al dente garen. Die Spinatblätter zufügen und weitere 5 Minuten köcheln lassen. Abgießen, dabei das Kochwasser auffangen. Das Gemüse mit einem Pürierstab fein pürieren. Die Masse mit etwas Kochwasser, nach Belieben auch mit Mutter- oder Säuglingsmilch verdünnen, bis die gewünschte Konsistenz erreicht ist. Lauwarm servieren.

Im Kühlschrank 24 Stunden und im Tiefkühlfach bis zu 4 Wochen haltbar.

HAFERBREI

Die Haferflocken in einer elektrischen Mühle zu einem feinen Pulver mahlen. Das Wasser in einen kleinen Topf füllen, das Haferflockenpulver zufügen und gut mischen. Zum Kochen bringen, dann die Hitze reduzieren und 3–5 Minuten unter Rühren köcheln lassen. Abkühlen

lassen. Mit Mutter- oder Säuglingsmilch verdünnen. Mehr Milch zugeben, wenn der Brei nach dem Abkühlen zu dick geworden ist. Lauwarm servieren.

Im Kühlschrank 24 Stunden und im Tiefkühlfach bis zu 2 Wochen haltbar.

APFEL-BIRNEN-BREI

Alle Zutaten in einem kleinen Topf zum Kochen bringen. Abdecken und 7–10 Minuten köcheln, bis die Früchte sehr weich sind. Regelmäßig rühren, um ein Ansetzen am Boden zu verhindern. Mit einem Pürierstab pürieren oder durch ein Sieb passieren. Bei Bedarf mit etwas kochendem Wasser verdünnen. Lauwarm servieren.

Im Kühlschrank 24 Stunden und im Tiefkühlfach bis zu 4 Wochen haltbar.

Da Backpflaumen abführend wirken können, sollten Sie dieses Mus beim ersten Mal mit etwas Haferbrei mischen. Die natürliche Süße von Trockenobst wie Aprikosen und Pflaumen ist bei Babys sehr beliebt.

Aprikosen-Backpflaumen-Mus

Vorbereitung: 12 Stunden Einweichzeit
Zubereitung: 10 Minuten
Portionen: 1–3

6 getrocknete Aprikosen, über Nacht eingeweicht
2–3 Backpflaumen, über Nacht eingeweicht
2–3 EL Wasser

ANMERKUNG

Verwenden Sie möglichst Aprikosen aus ökologischem Anbau. Sie erkennen sie an der braunen Farbe. Mit Schwefeldioxid behandelte Aprikosen haben eine hellorange Farbe, stehen aber im Verdacht, Asthma oder Allergien auslösen zu können.

Die Früchte abgießen und zugedeckt 10 Minuten köcheln lassen, bis sie sehr weich geworden sind.

Abgießen. Die Früchte durch ein Sieb passieren, um alle Häute und Schalen zu entfernen. Mit kochendem Wasser verdünnen, bis die gewünschte, cremige Konsistenz erreicht ist. Lauwarm servieren.

Im Kühlschrank 24 Stunden und im Tiefkühlfach bis zu 4 Wochen haltbar.

Gekochte Babynahrung ist einfacher zu verdauen, doch etwa vier Wochen nach Beginn der Abstillphase können Sie Ihrem Kind auch ungekochte Breie anbieten. Bananen sind immer sehr beliebt, aber auch Melonen und Avocados eignen sich.

Breivariationen ohne Kochen

Vorbereitung: 5 Minuten

Portionen: 1–3

BANANENBREI

1/2 kleine, reife Banane

AVOCADOBREI

1/4 reife Avocado

MELONENBREI

1 Spalte von 1 Cantaloup-Melone

BANANENBREI

Die reife halbe Banane mit einer Gabel zerdrücken, dann mit einem Pürierstab fein pürieren. Bananen nicht passieren, sie eignen sich nicht dafür. Den Brei bei Bedarf mit etwas Mutter- oder Säuglingsmilch verdünnen. Sofort servieren.

Nicht im Kühlschrank aufbewahren oder tiefkühlen.

AVOCADOBREI

Die Avocado schälen und entkernen. 1 Viertel der Avocado pürieren. Den Brei bei Bedarf mit etwas Mutter- oder Säuglingsmilch verdünnen. Sofort servieren.

Nicht im Kühlschrank aufbewahren oder tiefkühlen.

MELONENBREI

Aus der Melone 1 Spalte herausschneiden, Kerne und Schale entfernen. Das Fruchtfleisch in Stücke schneiden und passieren oder pürieren. Sofort servieren oder im Kühlschrank bis zum Bedarf kalt stellen. Allerdings am selben Tag verbrauchen.

Nicht tiefkühlen.

Löffeln und Kauen *8–10 Monate*

Sobald Ihr Baby Gefallen an den ersten Breisorten gefunden hat, können Sie nach und nach neue Lebensmittel einführen und die Zahl der Breimahlzeiten von einer auf zwei und schließlich auf drei erhöhen. Manche Babys steigen sehr schnell von fein pürierten Breien auf nur mit der Gabel zerdrückte Speisen um. Andere brauchen etwas länger. Babys, die bereits dreimal täglich essen, sollten erst nach der festen Nahrung Milch bekommen.

„Jetzt beginnt die Zeit, in der Sie schon gemeinsam mit Ihrem Baby essen können."

Die ersten nur mit der Gabel zerdrückten Speisen sollten keine Stückchen enthalten, die größer als drei Millimeter sind. Zudem sollten sie sehr weich sein, damit das Baby sie zwischen Zunge und Gaumen zerdrücken und ohne Kauen herunterschlucken kann. Sobald Ihr Baby zu kauen beginnt, können Sie die Konsistenz der Babykost daran anpassen: von püriert über fein zerdrückt bis schließlich gehackt, wenn Ihr Kind schon recht gut kauen kann. Manche Babys finden Gefallen daran, sich das Essen selbst in den Mund zu stecken. Unterstützen Sie diesen Drang.

So erkennen Sie, dass Ihr Baby schon klumpigere Nahrung kauen kann:

- Es hebt Dinge mit Daumen und Zeigefinger an
- Es möchte alles in den Mund nehmen
- Es bewegt den Kiefer wie beim Kauen
- Es bekommt die ersten Zähne

Wie schon bei der ersten Beikost sollten Sie auch in dieser Phase unbekannte Lebensmittel nur schrittweise einführen, um allergische Reaktionen ausschließen zu können. Da Ihr Kind zunehmend Interesse am Essen entwickeln wird und auch ohne Ihre Hilfe essen möchte, sollten Sie auf Nahrung achten, die nicht im Hals stecken bleiben kann. Obst und Gemüse müssen weich sein und in sehr kleine Stückchen geschnitten werden. Fleisch, Geflügel und Fisch sollten püriert oder durch den Fleischwolf gedreht werden. Nudeln werden am besten in sehr kleinen Stückchen angeboten. Rosinen, Brotstücke, Weintrauben, Pommes frites und Süßigkeiten sollten vermieden werden.

Beginnen Sie mit einer pürierten oder mit der Gabel zerdrückten Familienmahlzeit, die kein Salz oder Zucker, wenig und auf keinen Fall scharfe Gewürze, nicht zu viel Fett und keine allergieauslösenden Lebensmittel enthalten sollte. Ein Hähnchen aus dem Ofen mit Kartoffeln, Karotten und ungesalzenem Bratensaft fein püriert oder gehackt ist durchaus geeignet, während von einem asiatischen Take-away-Gericht abzuraten wäre. Es ist generell eine gute Sache, wenn sich Ihr Nachwuchs früh an Ihre Art zu kochen gewöhnt. Essen Sie so oft wie möglich mit Ihrem Baby, denn der soziale Aspekt von gemeinsam eingenommenen Mahlzeiten ist nicht zu unterschätzen.

Fertige Babynahrung ist praktisch, wenn Sie unterwegs sind oder die Zeit knapp ist. Lassen Sie dies aber eine Ausnahme bleiben – selbst zubereitetes Essen ist definitiv gesünder. Wenn es doch mal ein Fertigprodukt sein muss, wählen Sie eine Biovariante und achten Sie darauf, dass kein Zucker oder Salz, keine Zusatzstoffe, Verdickungsmittel oder Füllstoffe enthalten sind.

Je mehr Lebensmittel Ihr Baby kennengelernt hat, umso mehr wird es Vorlieben und Abneigungen entwickeln und je nachdem neue wie auch schon bekannte Speisen ablehnen. Wenn man in Eile ist oder viel Zeit für die Essenszubereitung aufgewendet hat, ist es schwierig, in solchen Situationen gelassen zu bleiben. Zwingen Sie Ihr Baby aber nie, Nahrung zu sich zu nehmen. Wenn es das Essen ablehnt, stellen Sie den Brei einfach beiseite und versuchen Sie es zu einem anderen Zeitpunkt noch einmal. Bieten Sie jedoch keine Süßigkeiten an, nur um sicherzustellen, dass Ihr Kind überhaupt etwas isst. Versuchen Sie immer, das Essen und die Mahlzeiten mit Ihrem Nachwuchs zu genießen.

Ein toller Tipp: Pürieren oder zerdrücken Sie Fleisch-, Fisch- oder Gemüsereste, die von Ihrer Familienmahlzeit übrig geblieben sind, und mischen Sie sie mit frisch gekochten Saucen. So gewöhnt sich Ihr Kind gleich an Ihre Art zu kochen.

Dreierlei Saucen

GEMÜSESAUCE

Vorbereitung: 10 Minuten

Zubereitung: 30 Minuten

Ergibt: 400 ml

1 EL Pflanzenöl

1 kleine Zwiebel, fein gehackt

1 kleine Karotte, fein gehackt

½ rote Paprika, entkernt und gehackt

1 kleine Zucchini, gehackt

100 ml ungesalzene Gemüsebrühe

200 ml passierte Tomaten

2–3 frische Basilikumblätter, gehackt

TOMATENSAUCE

Vorbereitung: 5 Minuten

Zubereitung: 15 Minuten

Ergibt: 400 ml

1 EL natives Olivenöl extra

½ kleine Zwiebel, fein gehackt

400 g gehackte Tomaten aus der Dose

1 EL Tomatenmark

1 TL getrockneter Oregano

KÄSESAUCE

Vorbereitung: 5 Minuten

Zubereitung: 5 Minuten

Ergibt: 300 ml

25 g Butter

1 EL Speisestärke

300 ml Milch

85 g Gouda, gerieben

½ TL Dijon-Senf

GEMÜSESAUCE

Das Öl in einer Pfanne erhitzen und Zwiebel sowie Karotte darin 5 Minuten dünsten. Paprika und Zucchini zufügen und 1–2 Minuten dünsten. Mit Brühe ablöschen, abdecken und 15 Minuten köcheln lassen. Passierte Tomaten sowie Basilikum zugeben und reduzieren lassen, bis die Sauce angedickt ist. Mit einem Pürierstab bis zur gewünschten Konsistenz pürieren.

TOMATENSAUCE

Das Öl in einem Topf erhitzen und die Zwiebel darin etwa 5 Minuten glasig dünsten. Die gehackten Tomaten mit Saft, Tomatenmark und Oregano zufügen. 5–10 Minuten sanft köcheln lassen, bis die Sauce leicht angedickt ist. Mit einem Pürierstab fein und cremig pürieren.

KÄSESAUCE

Butter, Speisestärke und Milch in einem Topf sanft unter Rühren zum Kochen bringen. Wenn die Sauce angedickt ist, Käse und Senf zufügen. Rühren, bis der Käse geschmolzen ist. Vom Herd nehmen.

Der Butternut-Kürbis hat ebenso wie Karotten und Süßkartoffeln einen leicht karamellartigen Geschmack. Ermuntern Sie Ihr Kind dazu, auch klumpigere Speisen zu essen, denn das Kauen regt die Entwicklung der Sprechmuskulatur an.

Kürbisrisotto

Vorbereitung: 10 Minuten
Zubereitung: 45 Minuten
Portionen: 2–3

85 g Butternut-Kürbis, geschält, entkernt und gehackt
2 TL Pflanzenöl
55 g Zwiebeln, sehr fein gehackt
55 g Risottoreis
300–350 ml heiße, ungesalzene Gemüsebrühe
1 EL frisch geriebener Parmesan

Den Kürbis 10–15 Minuten dämpfen oder kochen, bis er gar ist. Mit einer Gabel zerdrücken. Das Öl in einem Topf erhitzen und die Zwiebeln darin 5 Minuten glasig dünsten. Reis zugeben und 1 Minute mitbraten. Nach und nach die Brühe eingießen, dann auf mittlerer bis niedriger Stufe etwa 15 Minuten unter Rühren garen.

Das Kürbismus zufügen und 5 Minuten sanft erwärmen. Bei Bedarf mehr Brühe zugeben. Den Parmesan unterrühren. Vom Herd nehmen, abdecken und 1 Minute ruhen lassen. Das Risotto pürieren, zerdrücken oder so lassen, wie es ist – je nach Alter des Kindes. Nach Belieben mit ein wenig heißer Brühe verdünnen. Am selben Tag servieren.

Im Tiefkühlfach bis zu 4 Wochen haltbar.

Diesem Gericht können Sie gehacktes Hühnerfleisch oder gehackten Fisch hinzufügen. Quinoa ist ein sehr eiweißhaltiges Getreide, das in gut sortierten Supermärkten erhältlich ist. Sie können es auch durch Langkornreis ersetzen.

Quinoa mit Gemüse

Vorbereitung: 10 Minuten

Zubereitung: 30 Minuten

Portionen: 1–3

2 TL Pflanzenöl
2 TL fein gehackte Zwiebeln
1/4 rote Paprika, fein gehackt
1/4 orangefarbene Paprika, fein gehackt
55 g Zucchini, fein gehackt
15 g Quinoa, gewaschen
1/2 TL Tomatenmark
150 ml ungesalzene Gemüsebrühe
1/2 Tomate, gehäutet, entkernt und gehackt
1/4 TL getrockneter Oregano oder Majoran

Das Öl in einem Topf erhitzen und die Zwiebeln darin glasig dünsten. Paprika und Zucchini zufügen und 2–3 Minuten dünsten. Quinoa, Tomatenmark und Brühe zugeben. Zum Kochen bringen, abdecken und auf niedriger Stufe 15–20 Minuten köcheln. Die Tomaten und die Kräuter unterrühren und ohne Deckel 2–3 Minuten köcheln lassen. Pürieren, zerdrücken oder einfach servieren. Nach Belieben mit Brühe verdünnen.

Im Tiefkühlfach bis zu 4 Wochen haltbar.

Versuchen Sie, möglichst immer mit Ihrem Baby gemeinsam zu essen, denn dies regt zur Nachahmung an. Wenn Sie Fisch für sich selbst zubereiten, zweigen Sie etwas für dieses Gericht ab und zeigen Sie Ihrem Baby, wie gut er Ihnen schmeckt.

Brokkoli-Fisch-Auflauf

Vorbereitung: **10 Minuten**

Zubereitung: **25–30 Minuten**

Portionen: **1–3**

100 g weißes Fischfilet (Dorsch, Schellfisch oder Scholle)

3 EL Milch

1 mittelgroße Kartoffel, geschält und gewürfelt

3 kleine Brokkoliröschen, harte Stiele entfernt

150 ml Käsesauce (siehe Seite 30)

2 TL selbst gemachte frische Semmelbrösel (siehe Seite 38)

Den Backofen auf 180 °C vorheizen. Fisch und Milch in einen kleinen Topf geben, zum Kochen bringen und 3–5 Minuten zugedeckt köcheln lassen. Abgießen, den Fisch mit einer Gabel in Stücke reißen und auf Gräten untersuchen. Pürieren oder leicht zerdrücken.

Die Kartoffel 5–7 Minuten kochen, dann den Brokkoli zufügen und weitere 5–7 Minuten kochen, bis alles gar ist. Abgießen und grob zerstampfen oder hacken. Mit Sauce, Fisch und Gemüse mischen. In eine kleine Auflaufform füllen und mit Semmelbröseln bestreuen. Etwa 10 Minuten backen. Lauwarm servieren.

Im Kühlschrank 24 Stunden und im Tiefkühlfach bis zu 4 Wochen haltbar.

Ältere Babys können dieses Gericht unpüriert und nur mit der Gabel leicht zerdrückt essen, sodass die Konsistenz der Zutaten ein wenig klumpig bleibt. Couscous kann auch durch Langkornreis ersetzt werden.

Lamm mit Aprikosen

Vorbereitung: 5 Minuten

Zubereitung: 25 Minuten

Portionen: 1–3

1 TL Pflanzenöl

55 g mageres Lammhack

2 TL fein gehackte Zwiebeln

55 g Kartoffeln, geschält und gewürfelt

55 g Karotten, gewürfelt

1–2 ungeschwefelte, getrocknete Aprikosen, gehackt

150 ml ungesalzene Gemüsebrühe

1 TL Tomatenmark

25 g Couscous

100 ml kochendes Wasser

Das Öl in einem Topf erhitzen. Lammhack und Zwiebeln darin 2–3 Minuten leicht anbräunen. Kartoffeln, Karotten, Aprikosen, Brühe und Tomatenmark hinzufügen. Abdecken und 10–15 Minuten sanft köcheln lassen. Mit einem Pürierstab pürieren.

Den Couscous in einer Schüssel mit kochendem Wasser bedecken. 5 Minuten einweichen lassen, dann mit einer Gabel auflockern. Couscous und Lammmischung vermengen und lauwarm servieren.

Die Lammmischung (ohne den Couscous) ist im Tiefkühlfach bis zu 4 Wochen haltbar.

Falls Ihr Baby eine Abneigung gegen klumpige Nahrung hat, sollten Sie dieses Gericht pürieren. Mit zehn Monaten sind viele Kinder allerdings bereits in der Lage, klein gewürfeltes Hähnchenfleisch zu kauen.

Hähnchenbrust mit Porree, Pilzen und Apfel

Vorbereitung: 10 Minuten

Zubereitung: 25 Minuten

Portionen: 1–3

2 TL natives Olivenöl extra

25 g Porree, fein gehackt

55 g Hähnchenbrustfilet, klein gewürfelt

25 g Champignons, fein gehackt

25 g Kartoffeln oder Süßkartoffeln, geschält und gehackt

1/4 kleiner Dessertapfel, geschält, entkernt und gehackt

150 ml ungesalzene Hühnerbrühe

Das Öl in einem kleinen Topf erhitzen. Porree und Hähnchenfleisch darin 8–10 Minuten dünsten, bis der Porree weich und das Fleisch gar, aber nicht gebräunt ist. Pilze, Kartoffeln und Apfel zufügen. Mit Brühe ablöschen und 15 Minuten sanft köcheln lassen, bis das Gemüse gar ist.

Pürieren, zerdrücken oder so servieren, wie es ist – je nach Alter des Kindes.

Im Kühlschrank 24 Stunden und im Tiefkühlfach bis zu 4 Wochen haltbar.

Dieses Gericht ist vielseitig variierbar. Ersetzen Sie die Erbsen beispielsweise durch gehackte Karotten, Zucchini, rote Paprika oder Zwiebeln. Frische Semmelbrösel sind einfach herzustellen: 2 Tage altes Brot in einer Küchenmaschine reiben.

Makkaroni-Käse-Auflauf

Vorbereitung: 5 Minuten

Zubereitung: 25 Minuten

Portionen: 1–3

55 g Vollkornmakkaroni

4 EL feine Erbsen, Tiefkühlware

150 ml Käsesauce (siehe Seite 30)

1 EL selbst gemachte, frische Semmelbrösel

1 EL frisch geriebener Parmesan

2 Kirschtomaten, in Scheiben

Den Backofen auf 180 °C vorheizen. Makkaroni und Erbsen in getrennten Töpfen gemäß Packungsanleitung garen. Abgießen. Beides mischen und in eine kleine Auflaufform füllen. Die Sauce darübergießen und einmal kurz umrühren. Semmelbrösel und Parmesan mischen und über den Auflauf streuen. Schließlich mit Tomaten belegen und 10 Minuten backen. Je nach Belieben pürieren oder zerdrücken.

Im Tiefkühlfach bis zu 4 Wochen haltbar.

Beim Passieren von Himbeeren sollten Sie immer ein Nylonsieb verwenden, denn ein Metallsieb kann einen metallischen Geschmack hinterlassen. In diesem Rezept können Sie den Apfel auch durch eine reife Birne ersetzen.

Apfel-Himbeer-Creme

Vorbereitung: 5 Minuten

Zubereitung: 7–10 Minuten

Portionen: 1–3

1 Dessertapfel, geschält, entkernt und gehackt

2 EL Apfelsaft

2 EL Wasser

55 g frische Himbeeren

2–3 EL griechischer Joghurt oder Naturjoghurt

Apfel, Apfelsaft und Wasser in einem kleinen Topf zum Kochen bringen. 5 Minuten sanft köcheln lassen, bis der Apfel weich ist. Himbeeren zufügen und 1–2 Minuten unter Rühren mitköcheln. Die Fruchtmischung durch ein Nylonsieb passieren. Völlig auskühlen lassen, dann den Joghurt unterrühren.

Im Kühlschrank bis zu 2 Tage haltbar. Nicht tiefkühlen.

Bereit für Fingerfood
10–12 Monate

Mit zehn Monaten kommt Ihr Baby in der Regel zunehmend mit mehr Nahrungsmitteln zurecht, sodass die Auswahl an zuzubereitenden Gerichten stetig wächst. Die Zeit ist nun reif, ihm Snacks und Mahlzeiten in mundgerechten Stücken anzubieten, mit denen Ihr Baby die neu erworbenen Fähigkeiten des Greifens, Beißens und Kauens gut trainieren kann.

„Das Beißen auf Gemüse- oder Obstsnacks hilft beim Zahnen."

Im Alter von neun bis zehn Monaten wächst bei Babys zunehmend das Interesse, ohne Hilfe ihrer Eltern zu essen. Oft werden die Hände eingesetzt, doch häufig wollen die Kleinen schon einen Löffel benutzen – auch wenn es anfangs mehr ums Matschen geht. Nach viel Üben und Pantschen werden sie jedoch anfangen, neben ihren Fingern auch den Löffel zum Essen zu benutzen.

So erkennen Sie, dass Ihr Kind für festere Nahrung bereit ist:

- Das Schlucken der Speisen fällt viel leichter
- Das Kind hat schon einige Zähne
- Es schiebt das Essen nicht mehr mit der Zunge aus dem Mund
- Es versucht, einen Löffel zu benutzen
- Es benutzt Daumen und Zeigefinger zum Essen

Babys in diesem Alter lieben es, alles in den Mund zu stecken und die Welt auf diese Weise zu entdecken. Handliche Snacks können ihnen helfen, beißen und kauen zu lernen. Auch wenn sie noch nicht viele Zähne haben, sind ihre Gaumen beim Kauen schon erstaunlich effektiv. Zudem kann das Herumbeißen auf handlichen Snacks den Schmerz beim Zahnen lindern. Achten Sie darauf, dass die Snacks weich genug und einfach zu halten sind sowie weder Kerne, Steine noch Knochen enthalten. Behalten Sie Ihr Baby immer im Auge, wenn es isst.

Ihr Baby entwickelt sich nun in einem rasanten Tempo. Die Kleinen sind jetzt unglaublich aktiv und ihr Energie- und Eiweißbedarf ist im Vergleich zu ihrer Größe sehr hoch. Bieten Sie Ihrem Baby neben den drei Mahlzeiten täglich plus Milch zusätzliche kleine, gesunde, salz- und zuckerfreie Snacks an.

Wenn der Anteil an fester Nahrung steigt, verringert sich gleichzeitig der Bedarf an Milch. Zwar ist Milch noch sehr wichtig, doch ein großer Teil des nötigen Kalziums kann nun auch aus Produkten wie Käse, Joghurt, Puddings oder Saucen mit Milch sowie aus Gemüsesorten wie Brokkoli aufgenommen werden.

Kann Ihr Baby schon aus einem Becher trinken? Falls nicht, ist es nun Zeit, dies zu üben. Um den ersten Geburtstag herum sollte es Fläschchen oder Brust hinter sich gelassen haben und aus einem Becher trinken, denn dies beugt Karies und auch späteren Kiefer- und Zahnfehlstellungen vor. Am besten eignet sich ein deckelloser Becher mit zwei Griffen. Mag es so gar nicht funktionieren, greifen Sie auf eine Trinklerntasse zurück, durch die Ihr Baby trinken kann, ohne saugen zu müssen.

Die Mahlzeiten sollten ruhig ablaufen und allen Familienmitgliedern Vergnügen bereiten. Nur so wird aus Ihrem Baby später ein guter Esser, der sich offen für vollwertige Nahrung und neue Gerichte zeigen wird. Gehen Sie mit gutem Beispiel voran und zeigen Sie Ihrem Sprössling, dass Essen Genuss bedeutet. Überfordern Sie ihn auch nicht mit zu großen Portionen – wenn nur wenig auf dem Teller liegt, verlangt Ihr Baby vielleicht sogar Nachschlag.

Kaufen Sie farbenfrohe Becher und Teller und bleiben Sie bei Ihrem Baby sitzen. Nur so können Sie immer überwachen, ob es sich vielleicht verschluckt hat, und bringen zudem Ruhe in seine Mahlzeit. Laden Sie auch einmal Freunde zum Essen ein. Geben Sie allen Kindern genügend Zeit zum Essen, doch lassen Sie Kinder niemals zu lange vor dem gefüllten Teller sitzen, wenn sie nicht hungrig sind.

Behalten Sie Ihr Baby im Auge, wenn es anfängt, selbstständig zu essen. Manchmal vergessen die Kleinen nämlich zu schlucken. Bieten Sie Speisen in verschiedenen Farben und Konsistenzen an.

Brotsticks mit Gemüse-Dips

UNGESALZENE BROTSTICKS

Vorbereitung: 15 Minuten

Zubereitung: 10 Minuten

Ergibt: etwa 60 kleine Brotsticks

- 100 g Mehl Typ 550
- 100 g Vollkornmehl
- 7 g Trockenhefe (1 Tütchen oder 1 gestrichener TL)
- 1 EL natives Olivenöl extra
- etwa 200 ml handwarmes Wasser ($^{1}/_{3}$ kochendes Wasser mit $^{2}/_{3}$ kaltem Wasser mischen)

UNGESALZENE BROTSTICKS

Den Backofen auf 220 °C vorheizen. Mehl und Hefe in eine Rührschüssel füllen. Olivenöl und genügend Wasser zufügen, um einen geschmeidigen Teig zu erhalten. Etwa 5 Minuten kneten, bis der Teig glatt und elastisch ist. Den Teig vierteln. Jedes Stück zu einer langen, sehr dünnen Wurst rollen und in kleine, etwa 7 cm lange Sticks schneiden. Auf ein mit Backpapier ausgelegtes Backblech legen und 7–10 Minuten knusprig backen. Mit den Dips servieren.

In einem luftdicht verschließbaren Behälter bis zu 2 Wochen haltbar.

HUMMUS

Es empfiehlt sich, Hummus selbst zuzubereiten, da Fertigprodukte häufig zu viel Salz und zudem die Sesampaste Tahina enthalten. Diese steht in Verdacht, Allergien auslösen zu können, und ist daher erst für ältere Kinder geeignet. Alle Zutaten in einer Küchenmaschine fein pürieren. Nach Belieben noch etwas Zitronensaft oder Joghurt zufügen.

Im Kühlschrank bis zu 3 Tage haltbar.

AVOCADO-DIP

Die Avocado mit einer Gabel zerdrücken und mit Zitronensaft und Joghurt mischen.

Im Kühlschrank bis zu 2 Tage haltbar.

ROTE-BETE-DIP

Die Rote Bete sehr fein würfeln und 12–15 Minuten in etwas kochendem Wasser garen. Abkühlen lassen. Den Apfel schälen und grob reiben. Rote Bete, Apfel, Zitronensaft und saure Sahne mit dem Pürierstab in einer Schüssel fein pürieren.

Im Kühlschrank bis zu 2 Tage haltbar.

HUMMUS

400 g ungezuckerte, ungesalzene Kichererbsen aus der Dose, abgespült und abgetropft
1 Knoblauchzehe
1 EL natives Olivenöl extra
etwas frisch gepresster Zitronen- oder Limettensaft
1 EL Naturjoghurt

AVOCADO-DIP

½ reife Avocado
1 TL Zitronensaft
2–3 TL Naturjoghurt

ROTE-BETE-DIP

1 kleine frische Rote Bete, geschält
½ kleiner Dessertapfel
1 Spritzer Zitronensaft
1 EL saure Sahne oder Naturjoghurt

Diese Bratlinge sind im Nahen Osten sehr beliebt. Für ältere Kinder können Sie ein Pita-Brot mit geraspeltem Eisbergsalat, Salatgurken, Tomaten sowie Feta-Käse füllen, darauf warme Falafel geben und mit einem Klacks Hummus krönen.

Falafel mit Karottensalat

Vorbereitung: 15 Minuten

Zubereitung: 5 Minuten

Ergibt: 8–10 Falafel

400 g ungesalzene, ungezuckerte Kichererbsen aus der Dose, abgespült und abgetropft

1/4 kleine Zwiebel

1 TL gemahlener Koriander

1 TL gemahlener Kreuzkümmel

1 EL frisch gehackte Petersilie

1 EL frisch gehackter Koriander

2 EL Vollkornmehl

Sonnenblumenöl, zum Braten

ZUM SERVIEREN

1 mittelgroße Karotte, grob geraspelt

1/2 Apfel, geschält und grob geraspelt

2 EL Rosinen, gehackt

1 TL Zitronensaft

1 TL frisch gehackte Minze

2–3 EL griechischer Joghurt

Pita-Brot, in Streifen

Kichererbsen, Zwiebel, Gewürze, Kräuter und Mehl in einer Küchenmaschine fein hacken. Aus der Masse mit leicht bemehlten Händen kleine Bratlinge formen.

In einer Pfanne etwas Sonnenblumenöl erhitzen und darin die Falafel 2–3 Minuten auf jeder Seite braten. Beim Braten nur einmal wenden. Auf Küchenpapier abtropfen lassen.

Karotte, Apfel, Rosinen, Zitronensaft und Minze mischen. Den Salat zusammen mit den Falafeln, 1 Löffel Joghurt und 2–3 Pita-Brot-Streifen servieren.

Formen Sie kleine Bällchen, damit Ihr Baby sie selbst greifen und essen kann. Sie können auch Lamm-, Hühner- oder Putenhack verwenden oder die Nudelsorten variieren. Sie können die Fleischbällchen auch mit einer Gemüsesauce servieren.

Fleischbällchen mit Spaghetti

Vorbereitung: 10 Minuten

Zubereitung: 5 Minuten

Ergibt: 8–10 Fleischbällchen

55 g mageres Rinderhack
1 TL fein gehackte Zwiebeln
2 TL frisch gehacktes Basilikum
1 EL selbst gemachte frische Vollkorn-Semmelbrösel (siehe Seite 38)
1 TL natives Olivenöl extra
100 ml Tomatensauce (siehe Seite 30)
55 g Spaghetti, in kurze Stücke gebrochen
fein gehackte Petersilie (nach Belieben)

Für die Fleischbällchen Hackfleisch, Zwiebeln, Basilikum und Semmelbrösel in einer Rührschüssel mit einem Handmixer vermengen. Aus der Masse gleichmäßig große Bällchen formen.

Das Öl in einer kleinen Pfanne erhitzen und die Bällchen darin unter häufigem Wenden 2–3 Minuten leicht braun anbraten. Die Sauce darübergießen, abdecken und 10 Minuten sanft köcheln lassen.

Die Spaghetti in einem separaten Topf gemäß Packungsanleitung garen. Abgießen. Zum Servieren die Fleischbällchen mit Sauce auf den Spaghetti platzieren. Nach Belieben mit Petersilie bestreuen.

Diese herzhafte Gemüsesuppe mit viel Einlage wird mit knusprigen Käsesticks serviert, die Ihr Baby eintunken kann. Schneiden Sie doch einmal Buchstaben aus dem Stick-Teig aus oder nutzen Sie Plätzchenausstecher für hübsche Tier- oder Sternformen.

Minestrone

Vorbereitung: 15 Minuten
Zubereitung: 15 Minuten
Portionen: 2–4

1 EL Sonnenblumenöl
2 EL gehackte Zwiebeln
1 Knoblauchzehe, gehackt
½ TL italienische Kräutermischung
25 g Karotten, gehackt
2 TL fein gehackte Sellerieknolle
25 g Kartoffeln, geschält und gehackt
300 ml ungesalzene Gemüse- oder Hühnerbrühe
100 ml passierte Tomaten
1 TL Tomatenmark
25 g Vermicelli, in kurze Stücke gebrochen
1 EL junge Erbsen, Tiefkühlware
10 Baby-Spinatblätter, gewaschen

KÄSESTICKS
Ergibt: 20–24 Stück

55 g Mehl, plus etwas mehr zum Bestäuben
55 g Vollkornmehl
55 g Butter
55 g Gouda, gerieben
1 Ei, verschlagen

Für die Suppe das Öl in einem kleinen Topf erhitzen. Die Zwiebeln darin ein paar Minuten glasig dünsten, nicht anbräunen. Knoblauch, Kräutermischung, Karotten, Sellerie und Kartoffeln zugeben und 1–2 Minuten dünsten. Brühe, passierte Tomaten und Tomatenmark einrühren. Zum Kochen bringen, Nudeln und Erbsen zufügen und etwa 10 Minuten köcheln lassen, bis das Gemüse gar ist. Die Spinatblätter hineingeben, vom Herd nehmen und vor dem Servieren leicht abkühlen lassen.

Für die Käsesticks den Backofen auf 200 °C vorheizen. Beide Mehlsorten in eine Rührschüssel füllen. Die Butter zufügen und mit den Finger einarbeiten. Den Käse unterrühren. Dann das Ei zufügen und zu einem weichen Teig verarbeiten. Auf einer leicht bemehlten Arbeitsfläche ausrollen und in 7 cm x 1 cm große Sticks schneiden. Die Sticks auf ein mit Backpapier ausgelegtes Backblech legen und 5–10 Minuten – je nach Größe der Sticks – backen. Abkühlen lassen.

In einem verschlossenen Behälter 2–3 Tage und im Tiefkühlfach bis zu 4 Wochen haltbar.

Ideal für dieses Gericht sind Reste eines leckeren Grillhähnchens. Vegetarier können das Hähnchenfleisch auch durch Mozzarella ersetzen. Mit der Sauce lässt sich bei Ihrem Baby vielleicht bisher unbeliebtes Gemüse gut tarnen.

Nudeln mit Paprika-Hähnchen-Sauce

Vorbereitung: 30 Minuten (ohne die Kühlzeit für die Paprika)
Zubereitung: 20 Minuten
Portionen: 1–2

1 rote Paprika, halbiert
2 EL natives Olivenöl extra
1 kleine Schalotte, fein gehackt
1 Knoblauchzehe, zerdrückt oder sehr fein gehackt
55 g kleine Nudeln
3–6 EL Wasser oder ungesalzene Hühner- oder Gemüsebrühe
1 EL gekochter Butternut-Kürbis, zerdrückt oder gehackt
55 g gekochte Hähnchenbrust, fein gehackt
1 TL frisch gehackte Petersilie

Den Backofen auf 200 °C vorheizen. Die Paprika mit der Hautseite nach oben auf ein gefettetes Backblech legen und mit der Hälfte des Öls beträufeln. Etwa 20–25 Minuten im Ofen rösten, bis die Schale schwarz und das Fruchtfleisch gar geworden ist. In eine Plastiktüte füllen und verschließen. Abkühlen lassen. Durch den in der Tüte entstehenden Dampf lässt sich die Schale der Paprika besser abziehen. Schale abziehen und Stiel sowie Kerne entfernen. Das Fruchtfleisch in einer Küchenmaschine oder mit dem Pürierstab pürieren.

Das restliche Öl in einem kleinen Topf erhitzen und Schalotte und Knoblauch darin 5 Minuten sanft andünsten. Unterdessen die Nudeln in einem separaten Topf gemäß Packungsanleitung garen.

Paprikapüree, Brühe, Kürbis und Hähnchenfleisch zu Zwiebel und Knoblauch geben. Etwa 5 Minuten sanft erwärmen. Je nachdem mehr Brühe hinzufügen. Die Nudeln abgießen, nach Bedarf klein schneiden und zur roten Sauce geben. Gut mischen und mit Petersilie bestreut servieren.

Wenn Sie keinen Dosenmais ohne Zucker- oder Salzzugabe finden können, greifen Sie einfach auf Tiefkühlmais zurück. Wenn Ihr Baby gerade erst angefangen hat zu kauen, zerkleinern Sie die Maiskörner, bevor Sie sie in den Teig geben.

Mais-Käse-Puffer

Vorbereitung: 10 Minuten

Zubereitung: 10 Minuten

Ergibt: 4–6 große oder 8–10 kleine Puffer

1 Ei

200 ml Milch

100 g Mehl

½ TL Backpulver

85 g Maiskörner aus der Dose, ungesalzen und ungesüßt, abgetropft

4 EL geriebener Gouda

1 TL frische Schnittlauchröllchen

2 TL Sonnenblumenöl, zum Braten

ZUM SERVIEREN

ein paar Maiskörner

kleine Karottensticks

Ei und Milch in einer kleinen Schüssel mit einer Gabel verschlagen. Mehl und Backpulver zufügen und zu einem weichen Teig verarbeiten. Mais, Käse und Schnittlauch unterrühren. In einer Pfanne ein wenig Sonnenblumenöl erhitzen und pro Puffer 1 Esslöffel Teig in die Pfanne geben. 1–2 Minuten auf jeder Seite braten, bis die Puffer aufgegangen und goldgelb sind.

Auf Küchenpapier abtropfen lassen und mit ein paar Maiskörnern und kleinen Karottensticks servieren.

Babys lieben die leuchtenden Farben und die frische Süße von Früchten. Lassen Sie Ihr Baby daher doch einmal Obststücke in einen cremigen Joghurt tunken. Auf diese Weise lernt es ganz spielerisch, selbstständig zu essen.

Obst mit Joghurt-Dip

Vorbereitung: 5 Minuten

Portionen: 1–2

55 g Himbeeren

1 TL Orangensaft

2 EL Natur- oder griechischer Joghurt

DIE OBSTAUSWAHL IST GROSS – BEISPIELSWEISE:

½ kleine Banane, geschält und in kleinen Stücken

½ Dessertapfel, geschält und in langen Scheiben

½ Birne, geschält und in langen Scheiben

3–4 kernlose Trauben, halbiert

25 g Mango, geschält und in langen, dünnen Scheiben

½ Pfirsich oder Nektarine, in Scheiben

½ Kiwi, geschält, in Stücken

Für den Dip die Himbeeren durch ein Haarsieb passieren, um die Kerne zu entfernen. Das Himbeermus mit Orangensaft und Joghurt mischen und in ein Schälchen füllen. Die Früchte mit dem Dip anrichten.

Bereiten Sie möglichst gleich eine größere Menge Früchte zu, die Sie dann portionsweise einfrieren. Die einzelnen Fruchtportionen können Sie entweder pur, mit Streuseln überbacken oder als Füllung für eine Blätterteigtasche verwenden.

Apfel und Blaubeeren mit Hafer-Streusel-Belag

Vorbereitung: 15 Minuten

Zubereitung: 20 Minuten

Portionen: 2

200 g gemischte Apfelstücke und Blaubeeren
1 Prise Zimt
1 TL Zucker

Streuselbelag
40 g Mehl
½ TL Backpulver
2 TL Zucker
25 g Butter
50 ml saure Sahne
1 EL zarte Haferflocken

Den Backofen auf 200 °C vorheizen. Früchte, Zimt und Zucker in einem kleinen Topf mit 1 Esslöffel Wasser mischen. Sanft erhitzen und ein paar Minuten köcheln, bis die Früchte langsam weich werden. Vom Herd nehmen.

Die Früchte auf 2 kleine Auflaufformen verteilen. Mehl, Backpulver, Zucker und Butter in einer kleinen Schüssel mischen und verreiben, bis ein krümeliger Teig entsteht. Die saure Sahne einarbeiten. Dann die Haferflocken auf einen Teller geben. Die Streusel löffelweise auf den Teller geben und in den Haferflocken wenden. Die einzelnen Streusel leicht flach drücken und auf den Früchten verteilen. Die Auflaufformen auf ein Backblech setzen und etwa 20 Minuten goldgelb backen.

Neue Aromen

12–18 Monate

Die Zeit vergeht wie im Flug, und schon ist aus Ihrem Baby ein Kleinkind geworden. Nun beginnt eine Zeit mit zahlreichen Herausforderungen, denn Ihr Nachwuchs wird sich in vielerlei Hinsicht ausprobieren und seine Selbstständigkeit unter Beweis stellen wollen. Auch der Essenshorizont erweitert sich und Sie können nun damit beginnen, Ihrem Kind eine Vielzahl neuer Lebensmittel verschiedenster Geschmacksrichtungen anzubieten.

„Kleinkinder sind kräftigen Aromen gegenüber oft erstaunlich aufgeschlossen."

Mit etwa einem Jahr sind Kinder neuen Gerichten gegenüber oft unvoreingenommen und probieren gerne aus. Kind ist jedoch nicht gleich Kind. Manche werden auch sehr wählerisch und lehnen Neues kategorisch ab. Ebenso kann es vorkommen, dass Kinder, die gerade noch offen und experimentierfreudig waren, nun zu sturen Kostverächtern werden. Für ein Kleinkind ist es ganz normal, wenn es nicht jeden Tag gleich viel isst. Appetitmangel kann eine Reihe von Ursachen haben, wie Zahnen, Müdigkeit oder auch eine aufkommende Erkältung. Kleinkinder neigen übrigens manchmal dazu, durch Ablehnung des Essens bei den Eltern Aufmerksamkeit erregen und eine bestimmte Verhaltensweise erreichen zu wollen. Hier ein paar Tipps für eine friedliche Mahlzeit, die allen Beteiligten Spaß macht:

TIPPS FÜR VERGNÜGLICHE MAHLZEITEN:

- Führen Sie unbekannte Lebensmittel ein, indem Sie sie unter Bekanntes und Beliebtes rühren. Unbeliebtes Gemüse können Sie in Saucen „verstecken"
- Bewegen Sie sich mit Ihrem Kind viel an der frischen Luft, damit es wirklich hungrig ist
- Servieren Sie nur kleine Portionen und bestehen Sie nicht darauf, dass Ihr Kind immer den Teller leer isst
- Bieten Sie Ihrem Kind kurz vor den Essenszeiten keine Snacks mehr an
- Wenn möglich, lassen Sie Ihr Kind beim Einkaufen oder bei der Zubereitung helfen. Es kann beispielsweise Äpfel in den Einkaufskorb und zu Hause dann in die Obstschale legen
- Versprechen Sie nie eine Belohnung für aufgegessenes Essen – so verstärkt sich die Abneigung gegen das jeweilige Nahrungsmittel nur noch mehr. Stellen Sie das Gericht beiseite und bieten Sie stattdessen etwas Gesundes wie Früchte oder Snacks an
- Lassen Sie Ihr Kind nicht alleine essen. Wenn Sie und die anderen Familienmitglieder immer hastig und nebenbei essen, wird Ihr Kind dies nachahmen
- Wenn ein Gericht abgelehnt wird, räumen Sie es einfach ab und versuchen Sie es zu einem anderen Zeitpunkt noch mal. Manchmal braucht es zwei oder drei Anläufe, bis das Gericht akzeptiert wird
- Lassen Sie Ihr Kind von Zeit zu Zeit auswählen. Lieber Apfel oder Banane?
- Lassen Sie Ihr Kind nicht zu lange am Tisch sitzen, wenn es nicht essen möchte. Nicht vergessen: Wenn es wirklich hungrig ist, wird es auch essen

Jetzt ist die Zeit gekommen, in der Sie neben der Mutter- oder Säuglingsmilch auch Vollmilch einführen können – etwa 350 ml pro Tag als Teil einer ausgewogenen Kost. Lassen Sie sich Zeit für den Übergang, insbesondere, wenn Sie noch stillen. Verringern Sie in den nächsten Monaten schrittweise die Anzahl der Stillzeiten tagsüber und reduzieren Sie auch allmählich die Nachtstillzeiten.

Kleinkinder haben andere Nahrungsbedürfnisse als ältere Kinder und Erwachsene. Sie benötigen mehr Fett und Kalorien, allerdings weniger Ballaststoffe. Zum Aufbau von Gehirn und Nervensystem sind Fett und Kalorien unverzichtbar. Außerdem verbrennt der Körper Eiweiß – welches eigentlich zum Aufbau der Muskeln benötigt wird –, wenn ihm nicht genügend Energie in Form von Fett und Kalorien zugeführt wird. Überdies müssen Kleinkinder alle zwei bis drei Stunden trinken, um den Blutzuckerspiegel konstant zu halten. Was für uns gilt – drei Mahlzeiten am Tag –, muss für Kleinkinder also erweitert werden. Sie brauchen nebenher noch gesunde, nahrhafte Snacks für zwischendurch.

Hafer gilt als das wertvollste Getreide. Es enthält Eiweiß, ungesättigte Fettsäuren, Ballaststoffe, Eisen, Kalzium sowie Vitamin B_1 und B_6. Mit Früchten verfeinert werden Haferflocken zu einem hervorragenden Energiespender.

Fruchtiger Haferbrei

Vorbereitung: 5 Minuten
Zubereitung: 5 Minuten
Portionen: 1

100 g frische oder tiefgekühlte Sommerfrüchte wie Himbeeren, Erdbeeren, schwarze und rote Johannisbeeren, Kirschen oder Blaubeeren
25 g zarte Haferflocken
100 ml Milch
1–2 TL Honig (nach Belieben)
Naturjoghurt, zum Servieren (nach Belieben)

Die Hälfte der Sommerfrüchte mit einem Pürierstab fein pürieren. Haferflocken und Milch in einem kleinen Topf etwa 5 Minuten unter gelegentlichem Rühren sanft einköcheln lassen. Etwas abkühlen lassen und nach Belieben den Honig einrühren.

In eine Servierschüssel füllen und das Fruchtpüree mit ein paar Löffelschwüngen locker unterheben. Die restlichen Früchte grob hacken und über den Haferbrei streuen. Nach Belieben mit Naturjoghurt servieren.

Statt Pastinaken können hier auch Süßkartoffeln verwendet werden. Variieren Sie viel und rösten Sie nicht nur die allseits bekannten Kartoffeln, sondern auch andere Wurzelgemüsesorten. Ermutigen Sie Ihr Kind, immer neue Speisen auszuprobieren.

Mini-Burger mit Pastinaken

Den Backofen auf 200 °C vorheizen. Die Pastinaken auf einem kleinen Backblech mit Öl und Honig bestreichen. Etwa 20 Minuten im Ofen goldbraun und knusprig rösten, dabei mehrfach wenden.

Für die Burger Semmelbrösel, Kräuter, Ketchup und Hackfleisch vermengen und zu kleinen Bratlingen formen. In einer beschichteten Pfanne 4–5 Minuten auf jeder Seite braten, bis sie gar sind.

In einem Brötchen mit Salatblatt und Kirschtomaten servieren, die gerösteten Pastinaken daneben platzieren. Oder aber ohne Brötchen servieren – so kann das Kind es ganz selbstständig mit den Fingern essen.

Vorbereitung: 10 Minuten

Zubereitung: 15–20 Minuten

Ergibt: 2–4 Burger, je nach Größe

2 kleine Pastinaken, geputzt, geviertelt oder in fingerlangen Stäbchen

1 EL natives Olivenöl extra

2 TL klarer Honig

25 g selbst gemachte frische Semmelbrösel (siehe Seite 38)

½ TL italienische Kräutermischung

1 EL Bio-Tomatenketchup

250 g mageres Rinder- oder Lammhack

ZUM SERVIEREN

Minibrötchen oder Mini-Burgerbrötchen

kleine Salatblätter

Kirschtomaten

Eier mögen die meisten Kinder gern. Diese Frittata ist mit Kartoffeln und Gemüse gefüllt, die nach Lust und Laune variiert werden können. Sie lässt sich sowohl warm als auch kalt essen und eignet sich prima zum Picknick.

Gemüse-Frittata

Vorbereitung: 10 Minuten

Zubereitung: 35 Minuten

Ergibt: 1 Frittata (à 20 cm Ø)

1 EL Sonnenblumenöl

1/2 kleine Zwiebel, gehackt

200 g festkochende Kartoffeln, gewürfelt

1/2 rote Paprika, entkernt und in dünnen Scheiben

1 kleine Zucchini, gewürfelt

2 EL junge Erbsen, Tiefkühlware

1 EL frisch gehackte Petersilie

3 Eier

Das Öl in einer Pfanne (20 cm Ø) erhitzen. Die Zwiebel darin etwa 5 Minuten glasig dünsten. Die Kartoffeln zufügen und weitere 10 Minuten sanft dünsten, bis sie gar sind. Paprika, Zucchini, Erbsen und Petersilie hineingeben und 2–3 Minuten braten.

Die Eier mit 1 Esslöffel kaltem Wasser verschlagen. Über das Gemüse in der Pfanne gießen. Auf niedriger Stufe 5–10 Minuten braten, bis das Ei oben gestockt und die Frittata unten goldbraun ist.

Unter einem auf mittlerer Stufe vorgeheizten Backofengrill 1–2 Minuten grillen, bis auch die Oberseite goldbraun geworden ist. Abkühlen lassen und zum Servieren in Stücke oder Streifen schneiden.

Ideal für dieses Gericht ist die Zubereitung im Wok, doch auch in einer großen Pfanne lassen sich gute Resultate erzielen. Wichtig ist nur, ständig zu rühren, damit die Zutaten nicht anbrennen. Alles in gleich große Stücke schneiden.

Hühnchen süßsauer

Vorbereitung: 10 Minuten

Zubereitung: 10 Minuten

Portionen: 2

55 g mittelgroße asiatische Eiernudeln

1 EL Pflanzenöl

55 g Hähnchenbrustfilet, in dünnen Streifen

½ kleine Karotte, in feinen Stiften

2 Baby-Maiskolben, quer und längs halbiert

4 Zuckererbsen, in Streifen

55 g Ananas, gehackt

2 Frühlingszwiebeln, in Ringen

25 g Pak Choi oder Baby-Spinat, in grobe Stücke gerissen

1 TL Ananassaft

1 TL helle Sojasauce

1 TL Reis- oder Sherryessig

ZUM SERVIEREN

Sojasauce (nach Belieben)

süße Chilisauce (nach Belieben)

Die Nudeln gemäß Packungsanleitung kochen oder einweichen. Das Öl in einem Wok erhitzen und das Hähnchenfleisch darin pfannenrühren, bis es leicht angebräunt und gar ist. Karotte, Maiskolben, Zuckererbsen, Ananas und Frühlingszwiebeln zufügen und 1–2 Minuten pfannenrühren. Pak Choi, Ananassaft, Sojasauce sowie Essig unterrühren und dünsten, bis der Pak Choi zusammengefallen ist.

Die Nudeln abgießen, auf Servierschalen verteilen und mit der Fleisch-Gemüse-Mischung belegen. Nach Belieben etwas mehr Sojasauce zufügen; ältere Kinder mögen vielleicht auch ein wenig süße Chilisauce zu diesem Gericht.

Diese Käse-Tortilla ist wunderbar als Mittagessen oder auch Snack für zwischendurch geeignet. Mit geraspelter Karotte, geriebener Zucchini, roten Zwiebelringen, Tomatenstücken und Maiskörnern wird es eine tolle vegetarische Variante.

Hühnchen-Quesadilla-Ecken

Vorbereitung: 10 Minuten
Zubereitung: 10 Minuten
Portionen: 1–2

2 kleine Weizentortillas (à 20 cm Ø)
1–2 TL zerlassene Butter, zum Bestreichen
½ kleines, gekochtes Hähnchenbrustfilet, fein gehackt
85 g geriebener Gouda (oder eine Mischung aus Gouda und Mozzarella)
1 Tomate, gehäutet, entkernt und gewürfelt

ZUM SERVIEREN
1 TL saure Sahne, gewürzt mit einem Spritzer Limettensaft und etwas gehacktem Koriander
Avocado-Dip (siehe Seite 43)

Den Backofen auf 200 °C vorheizen. Eine Tortilla mit zerlassener Butter bestreichen und mit der Butterseite nach unten auf ein mit Backpapier ausgelegtes Backblech legen. Hähnchenfleisch, Käse und Tomate auf der Tortilla verteilen, dabei am Rand 2 cm aussparen. Die zweite Tortilla darauflegen und oben mit der restlichen Butter bestreichen. Etwa 10 Minuten backen, bis die Tortilla oben angebräunt ist. Leicht abkühlen lassen, wie eine Torte in Stücke schneiden und mit saurer Sahne oder Avocado-Dip servieren.

Apfelsinen sind eine tolle Vitamin-C-Quelle und enthalten wertvolle Ballaststoffe. Sie sind als Kost für Kinder also bestens geeignet. Ihr Kind schreckt vielleicht vor dem intensiven Aroma der Orangen zurück – servieren Sie sie daher mit cremigem Milchreis.

Milchreis mit Orangen

Vorbereitung: 10 Minuten

Zubereitung: 25 Minuten

Portionen: 2–3

55 g Milchreis

300 ml Vollmilch

Kerne aus 1 grünen Kardamomkapsel, zerstoßen

½ TL Vanillearoma

2 TL Zucker (nach Belieben)

Milch oder Orangensaft, zum Verdünnen (nach Belieben)

1 große Orange, geschält, weißer Strunk entfernt und filetiert

1 TL klarer Honig

ein paar Tropfen Orangenblütenwasser (nach Belieben)

Reis, Milch, Kardamomkerne, Vanillearoma und nach Belieben Zucker in einem kleinen Topf zum Kochen bringen. Hitze reduzieren und etwa 20 Minuten unter häufigem Rühren köcheln. Wenn der Reis gar ist, vom Herd nehmen und abkühlen lassen. Bei Bedarf mit etwas Milch oder Orangensaft verdünnen.

Die Orangenfilets in eine Schale füllen und mit Honig sowie Orangenblütenwasser beträufeln. Vorsichtig mischen und mit dem Milchreis servieren.

Sie können auch eine große Pizza auf einem Backblech machen, in kindgerechte Portionen schneiden und sie ungebacken bis zu vier Wochen einfrieren. Als Pizzaunterlage können Sie auch auf Bagels, Pita-Brot oder Baguette zurückgreifen.

Die erste Pizza

Vorbereitung: 5 Minuten, plus Teigzubereitung
Zubereitung: 10 Minuten
Ergibt: 4 runde Pizzen

1 Pizzateig-Backmischung aus biologischem Anbau
helles Olivenöl, zum Bestreichen
4 EL Tomatensauce (siehe Seite 30) oder passierte Tomaten
6 Kirschtomaten, halbiert
4 EL Oregano oder Basilikum, frisch gehackt
125 g milder Hartkäse, wie Emmentaler

Den Backofen auf 220 °C vorheizen. Den Teig gemäß Packungsanleitung zubereiten, vierteln und jedes Stück in Fladen von etwa 10 cm Durchmesser ausrollen. Ein Backblech mit Backpapier auslegen und die Fladen darauf platzieren. Mit Olivenöl bestreichen.

Etwas Tomatensauce auf jedem Fladen verteilen, mit jeweils 3 halbierten Kirschtomaten belegen und mit Kräutern sowie Käse bestreuen. Etwa 7–10 Minuten im Ofen backen.

ALTERNATIVE BELÄGE

Paprika und Mozzarella

Jede Pizza mit Tomatensauce bestreichen und mit dem Viertel einer kleinen, in Scheiben geschnittenen, gerösteten roten Paprika (für das Rösten der Paprika siehe Seite 48) und 1–2 Esslöffel grob geriebenem Mozzarella belegen.

Pilze und Bacon

Jede Pizza mit Tomatensauce bestreichen und mit einem in dünne Scheiben geschnittenen Champignon, einem halben, in sehr kleine Stücke gehackten Bacon-Streifen und 1 Esslöffel zerbröckeltem Ziegenkäse belegen.

Vanilleeis ist für zahlreiche Desserts eine ideale Grundlage. Rühren Sie alternativ vor dem Einfrieren zerdrückte Banane, frische Himbeeren oder Mini-Chocolate-Chips unter die Eiscreme.

Vanilleeis mit Erdbeersauce & Sternenplätzchen

Vorbereitung: **etwa 45 Minuten, plus Tiefkühlzeit**

Zubereitung: **20 Minuten**

Ergibt: **etwa 600 ml**

600 g Sahne

1 Vanillestange, aufgeschnitten

4 Eigelb

55 g Zucker

175 g Erdbeeren

1 EL Puderzucker

STERNENPLÄTZCHEN

55 g Puderzucker, gesiebt

85 g weiche Butter

1 Eigelb

140 g Mehl, plus etwas mehr zum Bestäuben

Die Sahne in einen Topf füllen. Die Samen aus der Vanillestange schaben und mit der Stange in den Topf geben. Zum Kochen bringen, vom Herd nehmen und etwa 20 Minuten ruhen lassen. Die Stange entfernen.

Eigelb und Zucker verquirlen und in die Sahne rühren. Wieder auf den Herd stellen und sanft unter Rühren köcheln lassen, bis die Masse andickt. Durch ein Sieb in eine Schüssel gießen. Abdeckt abkühlen lassen.

Die Masse in einer Eismaschine verarbeiten oder in einer Gefrierbox ins Gefrierfach stellen. Wenn es halb gefroren ist, in eine Schüssel geben und gut aufschlagen, damit sich die Eiskristalle auflösen. Wieder in die Gefrierbox füllen und 30 Minuten einfrieren. Den Vorgang 4- oder 5-mal wiederholen.

Für die Sauce Erdbeeren und Puderzucker in eine Rührschüssel geben und fein pürieren.

Für die Sternenplätzchen den Backofen auf 180 °C vorheizen. Alle Zutaten in einer Schüssel zu einem Teig verkneten. Auf einer bemehlten Arbeitsfläche ausrollen und Sterne ausstechen. Auf einem mit Backpapier ausgelegten Backblech 5–10 Minuten backen. Das Vanilleeis mit Sauce und Plätzchen servieren.

Geschmacksabenteuer
18–36 Monate

Ihr Kleinkind kommt jetzt langsam in eine Entwicklungsphase, die gemeinhin auch „Trotzalter" genannt wird. Das Kind ist nun kein Baby mehr und strebt immer stärker nach Eigenständigkeit. So will es jetzt oft selbst bestimmen, was es anziehen, machen oder essen will. In dieser Phase werden mögliche Trotzreaktionen und rasche Stimmungsschwankungen Ihres Kleinkindes viel Geduld von Ihnen abverlangen. Achten Sie darauf, dass die Mahlzeiten trotzdem weitestgehend ruhig und friedlich verlaufen und genießen Sie die Fortschritte, die Ihr Kind macht.

„Kochen mit Kleinkindern kann richtig viel Spaß machen."

Zwischen anderthalb und drei Jahren beginnt Ihr Kind, sich zunehmend nach außen zu orientieren, nimmt Kontakt zu anderen Kindern auf und lernt auch viele neue Lebensmittel kennen. Es kann eine schwierige Zeit für Eltern sein, da Einflüsse von außen großen Einfluss auf das Verhalten Ihres Sprösslings haben können.

Lassen Sie möglichst die Finger von sogenannten Kinderprodukten. Es ist verführerisch, schnell ein Fertiggericht zuzubereiten oder dem Kind Knabberzeug oder Kekse anzubieten, wenn die Zeit fehlt. Doch dies wird schnell zur Gewohnheit und ehe Sie sichs versehen, hat sich Ihr Kind an fertig zubereitete Kost gewöhnt und lehnt frisches Gemüse oder selbst gemachte Speisen ab. Zudem sind Lebensmittel, die einzig für Kinder hergestellt werden, meist recht teuer und enthalten viel Salz, Zucker, Fett und künstliche Zusatzstoffe. Sie sollten diese Lebensmittel allerdings nicht grundsätzlich vermeiden oder verbieten, denn so werden sie für Ihr Kind nur umso interessanter. Erlauben Sie ihm deshalb von Zeit zu Zeit ein Fertigprodukt.

Mit dem Kind essen zu gehen kann ebenfalls zu einer Herausforderung werden. Es ist oft gar nicht so einfach, ein kinderfreundliches Restaurant zu finden, in dem gesundes und nahrhaftes Essen serviert wird. Pommes frites und Pizza sind von Zeit zu Zeit allerdings o.k. und auch die Erfahrung, wie man sich außerhalb von zu Hause beim Essen zu benehmen hat, ist für Kinder wichtig. Seien Sie jedoch vorsichtig bei der Bestellung von „Kindertellern". Oft werden hier nur panierte, frittierte Speisen mit Pommes frites serviert. Bestellen Sie lieber etwas für sich selbst und bitten Sie um einen zusätzlichen Teller für Ihr Kind.

Zuckerhaltige Snacks sind bei Kindern beliebt, sollten jedoch vermieden werden, da der Zahnschmelz auf den Milchzähnen noch weich und sehr empfindlich ist. Schäden an den Milchzähnen können überdies an die bleibenden Zähne weitergegeben werden. Zudem sind Milchzähne wichtig als „Platzhalter" für die nachfolgenden Zähne. Karies entsteht folgendermaßen: Mundbakterien, die vom Zucker aus unserer Nahrung leben, produzieren Zahnbelag. Dieser Belag enthält eine Säure, die den Zahnschmelz angreift. Bieten Sie Zuckerhaltiges nur zu den Mahlzeiten an, denn so wird die Säurebildung abgeschwächt. Nach dem abendlichen Zähneputzen sind Säfte oder Milch tabu. Von künstlichen Süßstoffen ist auch abzuraten.

Beziehen Sie Ihr Kind in die Vor- und Zubereitung des Essens mit ein. Das macht Spaß und ist zudem sehr lehrreich. Kinder sind beim Essen oft viel disziplinierter und vernünftiger, wenn sie in irgendeiner Form bei der Vorbereitung helfen dürfen. Hier ein paar Tipps, wie Sie bei Ihrem Sprössling Neugierde und Begeisterung für Essen und Lebensmittel wecken können:

Tipps, um Ihr Kind für das Essen zu begeistern:

- Erklären Sie Ihrem Kind, welche Namen und Farben die Früchte und Gemüsesorten haben
- Zählen Sie beim Auspacken der Einkaufstüte, wie viele Äpfel oder Ähnliches Sie gekauft haben
- Lassen Sie das Kind in einer Schüssel rühren
- Stechen Sie mit einem Plätzchenausstecher unterschiedliche Formen aus Brotscheiben oder Pfannkuchen aus
- Lassen Sie das Kind ein Dessert selbst mit Früchten wie Erdbeeren dekorieren

Kleinkinder haben oft nicht die Ruhe, sich lange mit Essen aufzuhalten. Daher sind kleine Mahlzeiten und Snacks in diesem Alter genau richtig. Es empfiehlt sich, jetzt neue Lebensmittel einzuführen, bevor Ihr Sprössling zu wählerisch wird.

Gefüllte Champignons

Vorbereitung: 5 Minuten

Zubereitung: 15 Minuten

Ergibt: 4–5 Stück

4–5 mittelgroße Champignons
natives Olivenöl extra
1 EL frische Semmelbrösel
(siehe Seite 38)
25 g Gruyère, fein gerieben
1 dünne Scheibe magerer Kochschinken, fein gehackt
1/2 TL frische Schnittlauchröllchen
kleine, in Dreiecke geschnittene Vollkorn-Toasts, leicht mit Butter bestrichen, zum Servieren

Den Backofen auf 190 °C vorheizen. Die Stiele der Champignons entfernen und die Außenseite der Pilzhüte mit Olivenöl einpinseln.

Semmelbrösel, Käse, Schinken und Schnittlauch mischen und in die Pilzhüte füllen.

Auf ein mit Backpapier belegtes Backblech legen und etwa 10–15 Minuten goldbraun backen. Mit gebutterten, in Dreiecke geschnittenen Vollkorn-Toasts servieren.

Ihr Kind mag kein Gemüse? Dann versuchen Sie einmal, Gemüse in Gerichten zu „verstecken“, die es sehr gern isst – wie Nudeln mit Tomatensauce. In diesem Rezept haben wir in der bei Kindern so beliebten Lasagne Zwiebeln, Zucchini und Baby-Spinat untergebracht.

Gemüse-Lasagne

Den Backofen auf 190 °C vorheizen. Das Öl in einem Topf erhitzen und Zwiebeln sowie Knoblauch darin 10 Minuten sanft dünsten. Die Zucchini zufügen und 2–3 Minuten dünsten. Den Spinat hineingeben und rühren, bis er zusammengefallen ist. Dann vom Herd nehmen, abkühlen lassen und den Kochsud abgießen.

Das gekochte Gemüse mit dem Ricotta mischen. Falls nötig, die Lasagneblätter gemäß Packungsanleitung vorkochen. Die Lasagneblätter zuschneiden, sodass sie in eckige Auflaufformen à 12 cm Länge passen. In jede Form ein wenig Tomatensauce gießen. Lasagneblätter, Ricotta-Mischung und Tomatensauce abwechselnd in die Formen schichten. Mit Lasagneblättern enden. Die Käsesauce über die Portionen gießen und mit Mozzarella sowie Parmesan bestreuen.

20–25 Minuten goldbraun backen.

Vorbereitung: **30 Minuten**

Zubereitung: **25 Minuten**

Ergibt: **3–4 einzelne kleine Lasagne-Portionen**

1 EL natives Olivenöl extra

1 rote Zwiebel, gehackt

1 Knoblauchzehe, zerdrückt oder gehackt

100 g Zucchini, in Scheiben

100 g Baby-Spinat, gewaschen und grob in Stücke gezupft

250 g Ricotta

3–4 frische Lasagneblätter

400 ml Tomaten- oder Gemüsesauce (siehe Seite 30)

300 ml Käsesauce (siehe Seite 30)

100 g Mozzarella, grob gehackt

55 g frisch geriebener Parmesan

Kinder lieben süße Früchte. Wählerischen Kindern kann man Fleisch schmackhaft machen, wenn man es mit Früchten kombiniert – so wie in diesem leckeren Rezept. Schneiden Sie das Fleisch möglichst klein.

Schweinefilet mit Pflaumen und Wirsing-Kartoffel-Püree

Vorbereitung: **15 Minuten**

Zubereitung: **25 Minuten**

Portionen: **1–2**

1 große Kartoffel, geschält und gehackt

2 TL Pflanzenöl

1/2 kleine Zwiebel, in dünnen Ringen

100 g mageres Schweinefilet, in mundgerechten Stücken

1/2 TL frisch gehackter Salbei

2 Pflaumen, entsteint und in Scheiben

3 EL frisch gepresster Orangensaft

1 Prise Zimt

1 EL Hoisin-Sauce oder Bio-Tomatenketchup

3–4 EL Gemüsebrühe (nach Belieben)

55 g fein geraspelter Wirsing

1–2 EL Milch (nach Belieben)

1 gekochte Karotte, zum Servieren

Die Kartoffel in kochendem Wasser etwa 10 Minuten garen.

Das Öl in einer kleinen Pfanne erhitzen und die Zwiebel darin etwa 5 Minuten goldgelb braten. Das Fleisch zufügen und 5 Minuten von allen Seiten goldbraun braten. Salbei, Pflaumen, Orangensaft, Zimt, Hoisin-Sauce und bei Bedarf zum Verdünnen noch etwas Gemüsebrühe einrühren. Abgedeckt etwa 5 Minuten köcheln, bis das Fleisch gar ist.

Unterdessen den Wirsing in etwas kochendem Wasser 2–3 Minuten kochen oder dämpfen. Abgießen. Die Kartoffeln mit etwas Mich zerstampfen. Den abgetropften Wirsing unterrühren. Das Fleisch mit Wirsing-Kartoffelpüree und einer kleinen, in Scheiben geschnittenen, gekochten oder gedämpften Karotte servieren.

Nach einem reichhaltigen Frühstück und etwas Obst am späten Vormittag haben einige Kinder keine rechte Lust, sich mittags zum Essen an den Tisch zu setzen. Dieses Gericht ist ein perfekter Snack – und sehr gesund.

Tex-Mex-Röllchen

Vorbereitung: 10 Minuten

Zubereitung: 30 Sekunden

Portionen: 2

2 Maistortillas

2 EL Baked Beans, selbst zubereitet (siehe Seite 77), oder Bio-Qualität aus der Dose, zerdrückt

2 EL geriebener Gouda

2–3 EL gekochtes Hühnerfleisch, fein gehackt oder in feinen Streifen

1 Tomate, in Scheiben

1/4 Avocado, entkernt, geschält und in Streifen

Jede Tortilla auf einen mikrowellengeeigneten Teller legen. Mit Bohnenmus bestreichen und mit Käse bestreuen. Etwa 15 Sekunden in die Mikrowelle stellen, bis der Käse geschmolzen ist. Leicht abkühlen lassen. Mit Hühnerfleisch, Tomate und Avocado belegen, aufrollen und in kleine Stücke schneiden.

In diesem Rezept wird Chili con Carne gleich für mehrere Personen zubereitet. Frieren Sie den Rest einfach in Einzelportionen bis zu einen Monat ein. Sie können das Chili auch mit Reis oder auf einem Vollkorn-Toast servieren.

Chili mit Ofenkartoffeln

Vorbereitung: 5 Minuten
Zubereitung: 30 Minuten–1 Stunde
Portionen: 1 (4–5 Portionen Chili con Carne)

2 kleine festkochende Kartoffeln, gewaschen
natives Olivenöl extra, zum Einreiben
Schnittlauchröllchen, zum Garnieren

CHILI CON CARNE
1 TL natives Olivenöl extra
½ kleine Zwiebel, gehackt
115 g mageres Rinderhack
½ TL gemahlener Kreuzkümmel
¼ TL Paprikapulver edelsüß
1 große Prise mildes Chilipulver
200 g gehackte Tomaten aus der Dose
½ EL Tomatenmark
90 ml ungesalzene Rinderbrühe
200 g Kidneybohnen aus der Dose, abgespült und abgetropft

Den Backofen auf 200 °C vorheizen. Die Kartoffeln mit dem Öl einreiben. Auf ein mit Backpapier ausgelegtes Backblech legen und 30–60 Minuten backen.

Für das Chili con Carne das Öl in einem Topf erhitzen und die Zwiebel darin 5 Minuten andünsten. Das Hackfleisch zufügen und anbräunen. Die Gewürze zugeben und 1 Minute mitdünsten. Tomaten, Tomatenmark, Brühe und Kidneybohnen hineingeben und etwa 30 Minuten andicken lassen.

Die Kartoffeln auf einem Teller platzieren, die obere Spitze abschneiden, etwas Chili con Carne darübergeben und mit Schnittlauch garniert servieren.

In England und den USA sind Baked Beans mit Würstchen sehr populär. Dosenware ist häufig jedoch sehr zuckerhaltig. Es ist allerdings kinderleicht, gebackene Bohnen selbst zu machen – gesund und nahrhaft sind sie überdies.

Baked Beans mit Würstchen

Vorbereitung: 5 Minuten

Zubereitung: 15 Minuten

Portionen: 2

- 2–4 kleine Bio-Bratwürstchen
- 400 g ungesalzene, ungezuckerte weiße Bohnen, Cannellini- oder Flageolet-Bohnen aus der Dose, abgespült und abgetropft
- 200 ml passierte Tomaten
- 1 EL Ahornsirup
- 1 TL grober Senf
- 4 Scheiben Pancetta oder Bacon

Die Würstchen etwa 10 Minuten braten, dabei mehrmals wenden. Bohnen, passierte Tomaten, Ahornsirup und Senf in einen Topf geben. 10 Minuten sanft köcheln lassen, bis alles gut erwärmt ist.

Die Pancetta in einer Pfanne knusprig braun braten. Die Würstchen entweder hacken und zu den Bohnen in den Topf geben oder die Bohnen mit Pancetta belegt und mit den Würstchen daneben servieren.

Je vielfältiger und bunter ein Salat ist, desto interessanter wird er für Kinder. Wählen Sie die Zutaten je nach Saison – im Sommer sind frisch gekochte, gehäutete dicke Bohnen ein Genuss. Mais und Rote Bete bringen zusätzliche Farbtupfer.

Kunterbunter Kindersalat

Vorbereitung: 10 Minuten

Portionen: 1–2

1 Scheibe Ciabatta-Brot vom Vortag

natives Olivenöl extra, zum Bestreichen

ein paar kleine, knackige Salatblätter

3–4 grüne Bohnen, al dente gegart und gehackt

1 Brokkoliröschen, al dente gegart und gehackt

2–3 Kirschtomaten, geviertelt

2,5-cm-Stück Salatgurke, gewürfelt

1/4 kleine rote Paprika, gehackt

2 kleine neue Kartoffeln, gekocht und in Scheiben

1 hart gekochtes Ei, in Spalten

ein paar Parmesanspäne

DRESSING

1 EL saure Sahne

1 EL natives Olivenöl extra

2 EL Balsamico-Essig

Die Ciabatta-Scheiben von beiden Seiten mit Öl bestreichen und beidseitig knusprig goldbraun rösten. Abkühlen lassen, dann in Stücke schneiden.

Die Salatblätter in mundgerechte Stücke reißen und auf Schalen verteilen. Bohnen, Brokkoli, Kirschtomaten, Salatgurke, rote Paprika, Kartoffeln und Ei zufügen.

Für das Dressing saure Sahne, Olivenöl und Balsamico-Essig mischen. Etwas Dressing über jedes Salatschälchen geben und mit Parmesanspänen und den Ciabatta-Croûtons bestreuen.

Nachtisch lässt Kinderaugen immer strahlen, doch achten Sie darauf, dass Sie fruchtbasierte Desserts zubereiten und Süßspeisen vermeiden, die nur Zucker und Fett enthalten. Kaufen Sie immer Naturjoghurt, den Sie selbst verfeinern.

Mini-Bratäpfel mit cremigem Joghurt

Vorbereitung: 15 Minuten

Zubereitung: etwa 15 Minuten, plus Kühlzeit

Portionen: 4

200 g Schlagsahne

200 g griechischer Joghurt

4 EL Demerara-Zucker

4 kleine Dessertäpfel

8 ungeschwefelte, getrocknete Aprikosen, gehackt

2 TL Butter

Für den Joghurt die Sahne steif schlagen. Den Joghurt unterheben und in eine Schüssel füllen. Mit Demerara-Zucker bestreuen und 1 Stunde in den Kühlschrank stellen. In dieser Zeit schmilzt der Zucker und bildet eine dünne, flüssige Schicht auf dem Joghurt.

Den Backofen auf 200 °C vorheizen.

Die Äpfel waschen und mit einem Ausstecher entkernen. Jeden Apfel mit einem Messer ungefähr in der Mitte rundum einritzen. So kann sich der Apfel beim Backen besser ausdehnen. Die Äpfel in eine kleine Auflaufform setzen und mit Aprikosen füllen. Mit einem Butterflöckchen krönen und etwa 15 Minuten im Ofen garen.

Den aufgelösten Zucker leicht unter den Joghurt rühren und mit den warmen Äpfeln servieren.

Gemeinsame Familienmahlzeiten
3 Jahre aufwärts

Mit etwa drei Jahren hat das Kind das Trotzalter schon fast überstanden. Ab diesem Alter kann es auch an fast allen Familienmahlzeiten teilnehmen. Da Ihr Kind in der Regel nun all seine Zähne hat, sind Sie als Eltern jetzt noch viel flexibler bei der Essenszubereitung. Die Lebensjahre drei bis fünf sind jedoch in Bezug auf die Ernährung nach wie vor überaus wichtig.

„Für Kinder im Wachstum ist das Frühstück eine sehr wichtige Mahlzeit.“

Viele Kinder trinken sehr gerne Milch. Da Milch das für den Knochenaufbau wichtige Kalzium enthält, ist dies auch zu begrüßen. Allerdings enthält Kuhmilch nur wenig Eisen und andere Nährstoffe, die in einer ausgewogenen Ernährung enthalten sein sollten. Bei Kindern, die tagsüber viel Milch trinken und zu den Mahlzeiten wenig Hunger haben, sollte die Milchmenge reduziert und auch zu den Mahlzeiten keine Milch serviert werden. Bieten Sie fettarme Milch an, wenn Ihr Kind normalgewichtig ist und ausgewogen ernährt wird. Manche Kinder mögen gar keine Milch. Die Kalziumzufuhr ist allerdings gesichert, wenn Sie den Anteil an Käse, Joghurt und anderen Milchprodukten entsprechend erhöhen.

Nun beginnt die Zeit, in der Ihr Sprössling eine Kindertagesstätte oder einen Kindergarten besucht und somit bis mittags oder nachmittags in Obhut ist. Eine der wichtigsten Aufgaben der Eltern ist es jetzt, weiterhin sicherzustellen, dass das Kind vollwertig und gesund ernährt wird. Da es nun an allen Familienmahlzeiten teilnimmt, sollten Sie spätestens jetzt mit gutem Beispiel vorangehen und Ihrem Kind gesunde Ernährung vorleben. Salzen Sie beispielsweise nur, wenn es wirklich nötig ist, und stellen Sie keinen Salzstreuer auf den Esstisch. In kleinen Dosen findet sich Salz fast überall – sogar im Leitungswasser. Lassen Sie auch die Finger von zu vielen Fertigprodukten aus dem Supermarkt – diese sind häufig sehr salzhaltig. Die Weltgesundheitsorganisation empfiehlt für Erwachsene täglich höchstens 5 g Salz und für Kinder folgende tägliche Höchstmengen:

- Ein bis zwei Jahre: 2 g Salz (800 mg Natrium)
- Vier bis sechs Jahre: 3 g Salz (1,2 g Natrium)
- Sieben bis zehn Jahre: 5 g Salz (2 g Natrium)

Die Angabe des Salzgehaltes auf Lebensmittelverpackungen kann verwirrend sein, wenn das Salz als Natrium gekennzeichnet ist, denn 1 g Natrium entspricht 2,5 g Salz. Ein sehr salzhaltiges Produkt enthält 0,5 g Natrium oder mehr pro 100 g. Ein salzarmes dagegen 0,1 g Natrium pro 100 g. Weitere wichtige Gründe, den Zucker- und Salzanteil für Kinder möglichst niedrig zu halten, sind: Heißhunger auf Süßes entwickelt sich erst gar nicht und zu Salziges wird abgelehnt, wenn das Kind nur an den puren Geschmack der einzelnen Lebensmittel gewöhnt ist.

Für Kinder im Wachstum ist das Frühstück eine sehr wichtige Mahlzeit. Auch wenn Sie selbst nicht frühstücken, sollte Ihr Kind es tun, um die Energiespeicher für den Tag aufzufüllen. Untersuchungen haben ergeben, dass Kinder sich besser konzentrieren konnten und die Schule besser meisterten, wenn sie gefrühstückt hatten. Kinder lieben zuckerhaltige Frühstückszerealien. Da Sie nicht alle verbannen können, sollten Sie ihren Anteil im Frühstück reduzieren und eine breite Palette an Gesundem wie Müsli, Obst, Joghurt, Smoothies und Vollkornbrot anbieten.

Im Kindergarten oder in der Schule braucht Ihr Kind kleine Snacks für das Frühstück und die Schulpausen. Oft meinen Eltern es zu gut und geben dem Kind zu viel mit. Schlechte Esser oder Plappermäuler rühren wahrscheinlich kaum etwas davon an. Besser Sie packen nur Kleinigkeiten ein, die auf jeden Fall gegessen werden, und setzen auf das gemeinsame Familienessen am Mittag oder Abend. Ein paar kleine belegte Brote, einige Gemüsesticks und etwas Obst reichen schon. Chips und Schokoriegel haben in Brotdosen allerdings nichts zu suchen, denn sie werden den gesunden Snacks wahrscheinlich vorgezogen.

Diese Muffins sind ein toller Start in den Tag oder auch ein geeigneter Vormittagssnack. Mit Trockenfrüchten wie Cranberrys, Datteln, Rosinen oder Sultaninen werden sie ebenso lecker.

Müsli-Muffins

Vorbereitung: 15 Minuten
Zubereitung: 10–15 Minuten für kleine und 25–30 Minuten für große Muffins
Ergibt: 12 große oder 36 kleine Muffins

100 g ungeschwefelte, getrocknete Aprikosen, gehackt
4 EL Orangensaft
2 Eier
155 g saure Sahne
100 ml Sonnenblumenöl
85 g heller Muskovado-Zucker
280 g Mehl
3½ TL Backpulver

ZUM DEKORIEREN
55 g heller Muskovado-Zucker
55 g Knusper-Müsli, leicht zerstoßen
25 g zerlassene Butter
Puderzucker zum Bestreuen (nach Belieben)

Den Backofen auf 190 °C vorheizen. Aprikosen und Orangensaft in eine Schüssel geben und 15 Minuten einweichen. Die Eier verschlagen. Saure Sahne, Öl und Zucker zugeben. Die Aprikosenmischung zufügen und gut mischen. Mehl und Backpulver in eine Rührschüssel füllen und die Mischung unterheben.

Den Teig in eine mit Papierkapseln ausgelegte Muffinform füllen. Für die Dekoration die Zutaten mischen und über die Muffins streuen. Kleine Muffins etwa 10–15 Minuten und große 25–30 Minuten backen. Mit Puderzucker bestreuen.

Smoothies werden immer beliebter. Im Gegensatz zu herkömmlichen Fruchtsäften wird hier die ganze Frucht bis auf Schale und Kerne verarbeitet. Bieten Sie Ihrem Kleinkind einen Smoothie an, wenn es ansonsten nicht frühstücken will.

Smoothies

FRUCHTMIX-SMOOTHIE

Alle Zutaten in einem Mixer fein pürieren. In Gläser füllen und mit Strohhalm servieren.

BANANEN-MALZ-SMOOTHIE

Alle Zutaten in einem Mixer fein pürieren. Für eine schokoladige Variante Trinkkakaopulver und Schokoladeneis verwenden. In Gläser füllen und mit Strohhalm servieren.

FRUCHTMIX-SMOOTHIE

Vorbereitung: 5–10 Minuten

Portionen: 2

½ Mango, geschält und gehackt

1 kleine Banane

4–6 Erdbeeren

100 g griechischer Joghurt, mit etwas Honig gesüßt

150 ml Milch

4 Eiswürfel

BANANEN-MALZ-SMOOTHIE

Vorbereitung: 5 Minuten

Portionen: 2

1 kleine Banane, geschält und gehackt

200 ml Milch

2 EL Malzmilchpulver

4 Eiswürfel

Sobald Ihr Nachwuchs den Kindergarten oder sogar schon die Schule besucht, sind nahrhafte Frühstücks- oder Pausenbrote wichtig. Daher haben wir für Sie ein paar Ideen parat, wie Sie die Brote lecker und vielseitig belegen können.

Weltbeste Sandwich-Füllungen

THUNFISCH MIT BISS

Vorbereitung: 10 Minuten

200 g Thunfisch in eigenem Saft, abgetropft und mit einer Gabel aufgelockert
1 EL Mais aus der Dose, abgetropft
1 TL gehackte gemischte Paprika
1 EL Mayonnaise

HUMMUS

Vorbereitung: 10 Minuten, plus Kochzeit für die Karotte

100 g Hummus (siehe Seite 43)
1 kleine gekochte Karotte, gehackt
1 EL gehackte Salatgurke

FRUCHTIGER KÄSEAUFSTRICH

Vorbereitung: 5 Minuten

100 g Frischkäse
1 EL gehackte entsteinte Datteln
2 EL gehackte getrocknete, ungeschwefelte Aprikosen

HÄHNCHENBRUST & AVOCADO

Vorbereitung: 5 Minuten

½ gekochtes Hähnchenbrustfilet, fein gehackt
½ kleine Avocado, zerdrückt mit 2 TL Zitronensaft

EI & BACON

Vorbereitung: 15 Minuten

2 hart gekochte Eier, geschält und zerdrückt
1 EL Mayonnaise
2 knusprig gebratene Bacon-scheiben, gehackt

COLESLAW

Vorbereitung: 5 Minuten

100 g Coleslaw oder Krautsalat
1 EL grob geriebener Gouda
1 dünne Scheibe Kochschinken, gehackt

Die Zutaten für die einzelnen Füllungen mischen und bis zur Verwendung in den Kühlschrank stellen.

Mit knusprigem Brot serviert ist dieser Salat ein Genuss – auch für die Kleinen. Ausgezeichnet passt das Gericht aber auch zu Grillhähnchen, Schinkenbraten oder Salamischeiben. Fügen Sie nach Belieben steinlose Oliven hinzu.

Warmer Nudelsalat

Vorbereitung: 15 Minuten

Zubereitung: 35 Minuten

Portionen: 4

75 ml natives Olivenöl extra
1 EL Zitronensaft
2 Knoblauchzehen, mit einem Messer flach gedrückt und gehackt
1 TL frisch gehackter Rosmarin
2 EL frisch gehackter Thymian
1 rote Zwiebel, geachtelt
1 rote Paprika, entkernt und in dicken Streifen
1 gelbe Paprika, entkernt und in dicken Streifen
4 kleine Zucchini, längs geviertelt
4 Eiertomaten, geviertelt
250 g Penne-Nudeln
1 EL Weißweinessig
1 EL Pesto
200 g Feta-Käse, zerbröckelt
1 Handvoll kleine Rucolablätter

Den Backofen auf 200 °C vorheizen. 2 Esslöffel des Öls, Zitronensaft, Knoblauch und Kräuter in eine große Auflaufform geben. Zwiebel und Paprika zufügen und gut mischen. 10–15 Minuten im Ofen backen. Zucchini und Tomaten zugeben und weitere 10–15 Minuten backen, bis das Gemüse gar und an den Kanten leicht angebräunt ist.

Unterdessen die Nudeln gemäß Packungsanleitung kochen. Abgießen und in eine große Salatschüssel füllen. Das restliche Öl, Essig und Pesto mischen und über die Nudeln gießen. Das gekochte, abgekühlte Gemüse und den Käse zufügen und vorsichtig unterheben. Mit Rucola bestreuen und servieren.

Bratreis mit Ei ist eine wunderbare Beilage zu vielen Gerichten. Auf diese Weise essen Kinder Eier, ohne es richtig zu merken. Viele Kleinkinder lieben den Geschmack dieses von der chinesischen Küche inspirierten Lachsrezeptes.

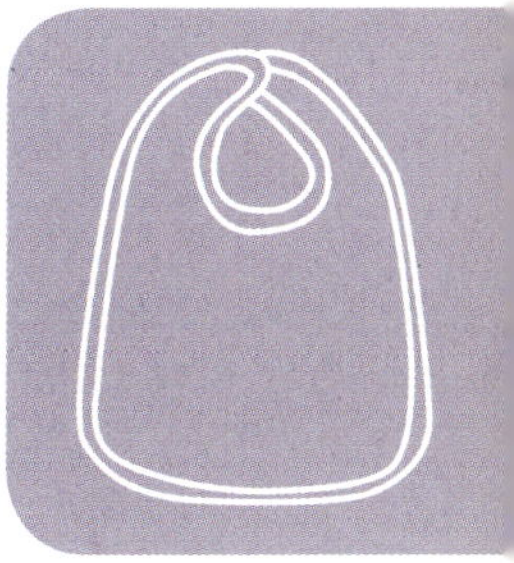

Lachs auf Spinat mit Bratreis

Vorbereitung: 10 Minuten

Zubereitung: 20 Minuten

Portionen: 2

200 g Lachsfilet ohne Haut
2 TL klarer Honig
1 EL helle Sojasauce
3 EL Pflanzenöl
1 kleine Karotte, fein gehackt
2 EL Erbsen, Tiefkühlware
½ rote Paprika, entkernt und gehackt
1 Ei, verschlagen
85 g Basmatireis, gekocht
1 Frühlingszwiebel, in feinen Ringen
kurz gekochter Spinat oder Pak Choi, zum Servieren

Den Lachs in 2 Stücke teilen und in eine flache Form setzen. Honig mit Sojasauce mischen und den Lachs damit bestreichen. 10 Minuten marinieren lassen.

2 Teelöffel des Öls erhitzen und die Karotte darin 5 Minuten dünsten. Erbsen und Paprika zufügen und weitere 5 Minuten dünsten. Das verschlagene Ei eingießen und auf niedriger Stufe rühren, bis sich die Eimasse in Stücke teilt. Den gekochten Reis hineingeben und alles ein paar Minuten erhitzen.

Das restliche Öl in einer kleinen Pfanne erhitzen und den Lachs darin 2–3 Minuten von jeder Seite braten. Alternativ unter einem Backofengrill grillen. Die Frühlingszwiebel unter den Reis rühren. Den Lachs auf einem Spinatbett, begleitet von Bratreis, servieren.

Haben Sie diesen Hackbraten als Kind auch so geliebt? Dann sollten Sie auch Ihre Kinder damit verwöhnen. Serviert mit Kartoffelpüree oder Röstkartoffeln und ein paar grünen Bohnen ist er ein Gedicht.

Falscher Hase

Vorbereitung: 10 Minuten

Zubereitung: 1 Stunde 5 Minuten

Portionen: 6

450 g mageres Rinderhack
250 g Puten- oder Hühnerhack
250 g Schweinemett
2 Scheiben Vollkornbrot, zerbröselt
2 Eier, verschlagen
2 TL italienische Kräutermischung
3 EL frisch gehackte glatte Petersilie
12 Scheiben Bacon oder Pancetta
500 g passierte Tomaten

Den Backofen auf 180 °C vorheizen. Rinder- und Putenhack sowie Schweinemett, Brot, verschlagene Eier und Kräuter in einer Rührschüssel mit den Händen verkneten.

Eine Kastenform (1 l Inhalt) mit Frischhaltefolie auslegen. Die Fleischmischung hineingeben und fest andrücken. Die Form auf ein kleines, an den Kanten leicht erhöhtes Backblech stürzen, die Form abnehmen und die Folie entfernen. Die Baconscheiben auf der Fleischoberseite verteilen, mit Alufolie abdecken und 1 Stunde im Ofen garen.

Die passierten Tomaten in einem Topf erwärmen. Jegliches ausgetretenes Fett vom Hackbraten abgießen. Die Tomaten zum Braten geben, dabei ein wenig davon über dem Braten verstreichen. Nochmals 5 Minuten in den Ofen stellen. Den Hackbraten in Scheiben geschnitten mit der Tomatensauce servieren.

Bei der Verarbeitung von Filoteig sollten Sie immer ein Blatt nach dem anderen verwenden, um ein Austrocknen der Blätter zu vermeiden. Sie können übrig gebliebenes, gekochtes Hühnchen- oder Putenfleisch hacken und in die Sauce geben.

Putenfleisch-Päckchen

Vorbereitung: 25 Minuten

Zubereitung: 20 Minuten

Ergibt: 4 Päckchen

3 EL Pflanzenöl

280 g Puten- oder Hähnchenbrust, in dünnen Scheiben

175 g Brokkoli, in sehr kleinen Röschen

150 ml Käsesauce (siehe Seite 30)

25 g zerlassene Butter

8 Blätter Filoteig à 15 cm x 30 cm

1 EL Scsamsaat

Den Backofen auf 200 °C vorheizen. 1 Esslöffel des Öls in einer Pfanne erhitzen und das Fleisch darin etwa 5 Minuten braten, bis es angebräunt und gar ist. Abkühlen lassen.

Den Brokkoli 30 Sekunden in kochendem Wasser blanchieren. Abgießen und mit kaltem Wasser abschrecken. Das gebratene Fleisch mit Käsesauce und Brokkoli mischen. Beiseitestellen.

Das restliche Öl mit der zerlassenen Butter mischen. Die Filoteigblätter halbieren. Ein Blatt zur Hand nehmen und mit der Öl-Butter-Mischung bepinseln. 3 weitere Blätter so darauf platzieren, dass ein Stern entsteht. Dabei jedes einzelne Blatt mit der Öl-Butter-Mischung bepinseln. Ein Viertel der Füllung in die Mitte setzen, dann die Teigenden aufnehmen und wie einen kleinen Beutel verschließen. Mit etwas Öl und Butter bestreichen und mit Sesamsaat bestreuen. Im vorgeheizten Ofen 20 Minuten knusprig und goldbraun backen.

In Amerika sehr beliebt und auch wirklich köstlich: der Apple Pie. Der Teig ist durch das Backpulver ganz besonders leicht und locker. Statt Äpfeln können auch andere Früchte wie Aprikosen oder Pfirsiche verwendet werden.

Amerikanischer Apple Pie

Vorbereitung: 25 Minuten

Zubereitung: 40 Minuten

Portionen: 6

350 g Mehl

3½ TL Backpulver

175 g Butter

Wasser, zum Mischen und Bestreichen

1 EL Speisestärke

100 g Zucker

1 TL Zimt

fein abgeriebene Schale von 1 Orange

fein abgeriebene Schale von 1 Zitrone

8 Granny-Smith-Äpfel, geschält, entkernt und in Scheiben

2 TL Zitronensaft

Schlagsahne, Eiscreme oder Vanillesauce, zum Servieren

ZUM DEKORIEREN

1 Eiweiß, schaumig geschlagen

1 EL Zucker

Den Backofen auf 200 °C vorheizen. Ein Backblech in den Ofen schieben.

Mehl und Backpulver in eine Rührschüssel sieben und die Butter mit den Fingern hineinreiben, bis ein krümeliger Teig entsteht. Genügend Wasser einarbeiten, um einen weichen, aber nicht klebrigen Teig zu erreichen. Etwas weniger als die Hälfte des Teigs ausrollen und damit eine mit Backpapier ausgekleidete Springform (22 cm Ø) auslegen.

Speisestärke, Zucker, Zimt und Zitrusschale mischen, dann Äpfel und Zitronensaft unterheben. Die Mischung in die Form geben. Die Teigränder mit Wasser einstreichen. Den restlichen Teig ausrollen und damit den Pie abdecken. Die Kanten gut zusammendrücken. Teigreste ausrollen, hübsche Formen ausstechen, mit Wasser bestreichen und den Pie damit dekorieren. Die Pie-Oberseite mit dem geschlagenen Eiweiß bestreichen und mit Zucker bestreuen. Auf das heiße Backblech stellen und 30–40 Minuten goldbraun backen. Mit Schlagsahne, Eiscreme oder Vanillesauce servieren.

Register

Allergien **16, 19, 29**
Äpfel
  Amerikanischer Apple Pie **94**
  Apfel-Birnen-Mus **24–25**
  Apfel-Himbeer-Creme **39**
  Apfel und Blaubeeren mit Hafer-Streusel-Belag **52**
  Hähnchenbrust mit Porree, Pilzen und Apfel **36**
  Mini-Bratäpfel mit cremigem Joghurt **80**
  Rote-Bete-Dip **43**
Aprikosen **26, 35**
Auswärts essen **69**
Avocados **27, 43, 62, 74, 86**

Baby-Reisbrei **15, 19, 20–21**
Bacon **64, 86**
Baked Beans mit Würstchen **77**
Ballaststoffe **9, 55**
Bananen **27, 85**
Birnen-Mus, Apfel- **24–25**
Blumenkohl-Brokkoli-Brei **22**
Bohnen-Zucchini-Brei, Erbsen- **23**
Breie **15, 19–27**
Brokkoli **22, 34, 78, 92**
Brotsticks mit Gemüse-Dips **42**
Burger **57, 69**

Coleslaw **86**

Dips **42, 43, 51, 62**

Einfrieren der Babynahrung **15**
Eis **66, 85, 94**
Ei-und-Bacon-Sandwich **86**
Eiweiße **9, 11**
Erbsen **23, 58, 89**
Ernährung **8–9, 17, 55, 83**
Erstickungsgefahr **13, 19**

Falafel mit Karottensalat **44**
Falscher Hase **90**
Fertiggerichte **69, 83**
Feste Nahrung **12–13, 19, 28–29, 41**
Fette **8, 55**
Fisch
  Brokkoli-Fisch-Auflauf **34**
  Lachs auf Spinat mit Bratreis **89**
Fleischbällchen mit Spaghetti **45**
Frittata, Gemüse- **58**
Früchte **11, 51, 56, 85, 94**
Frühstück **83**

Gebackene Bohnen **74, 77**
Gemeinsame Mahlzeiten **7, 29, 41, 55, 69**
Getränke **14, 41,69, 85**
Grüne Bohnen **23, 78**

Haferbrei **24, 56**
Himbeeren **39, 51**
Hühnchen
  Hähnchenbrust mit Porree, Pilzen und Apfel **36**
  Hähnchenbrust & Avocado, Sandwich **86**
  Hühnchen-Quesadilla-Ecken **62**
  Hühnchen süßsauer **60**
  Nudeln mit Paprika-Hähnchen-Sauce **48**
  Tex-Mex-Röllchen **74**
Hummus **42, 86**

Joghurt **39, 51, 80, 85**

Karies **8, 69**
Karotten **20–21, 44**
Kartoffeln
  Chili mit Ofenkartoffeln **76**
  Kartoffel-Steckrüben-Brei **20–21**
  Schweinefilet mit Pflaumen und Wirsing-Kartoffel-Püree **72**
Käse
  Fruchtiger Käseaufstrich **86**
  Käsesauce **30**
  Käsesticks **46**
  Mais-Käse-Puffer **50**
  Makkaroni-Käse-Auflauf **38**
Kindergarten **83, 86**
Kohlenhydrate **8, 11**
Kunterbunter Kindersalat **78**
Kürbis-Risotto **32**
Kürbis-Spinat-Brei **24**

Lachs auf Spinat mit Bratreis **89**
Lamm mit Aprikosen **35**

Mais-Käse-Puffer **50**
Makkaroni-Käse-Auflauf **38**
Melonenbrei **27**
Milch **14, 19, 41, 55, 83**
Milchprodukte **11, 12, 14, 17, 41, 83**
Mineralstoffe **9**
Minestrone **46**
Mini-Bratäpfel mit cremigem Joghurt **80**
Mini-Burger mit Pastinaken **57**
Müsli-Muffins **84**

Nudeln
  Fleischbällchen mit Spaghetti **45**
  Gemüse-Lasagne **71**
  Makkaroni-Käse-Auflauf **38**
  Nudeln mit Paprika-Hähnchen-Sauce **48**
  Warmer Nudelsalat **88**

Obst **11, 51, 56, 85, 94**

Paprika **48, 58, 64, 78**
Pilze **36, 64, 70**
Pizza **64, 69**
Pflaumen **26, 72**
Porree **36**
Putenfleisch-Päckchen **92**

Quesadilla-Ecken, Hühnchen- **62**
Quinoa mit Gemüse **33**

Reis
  Baby-Reisbrei **15, 19, 20–21**
  Lachs auf Spinat mit Bratreis **89**
  Lamm mit Aprikosen **35**
  Milchreis mit Orangen **63**
Rinderhack **45, 76, 90**
Risotto, Kürbis- **32**
Rote-Bete-Dip **43**

Salate **44, 78, 88**
Sandwich-Füllungen **86**
Saucen **30–31, 48, 66**
Schweinefilet mit Pflaumen und Wirsing-Kartoffel-Püree **72**
Smoothies **85**
Spinat **24, 46, 60, 71, 89**
Steckrüben **20, 21**

Tex-Mex-Röllchen **74**
Thunfisch mit Biss **86**
Tomatensauce **30, 64, 71**

Vanilleeis mit Erdbeersauce & Sternenplätzchen **66**
Vegetarische Ernährung **17**
Vitamine **9**

Warmer Nudelsalat **88**
Wirsing-Kartoffel-Püree, Schweinefilet mit Pflaumen und **72**

Zucchini **11, 23, 30, 33, 58, 71, 88**